AF275160

COLEX

Disfrute gratuitamente **DURANTE UN AÑO**
del eBook de esta obra

- ⊘ Acceda a la página web de la editorial **www.colex.es**

- ⊘ Identifíquese con su usuario y contraseña. En caso de no disponer de una cuenta regístrese.

- ⊘ Acceda en el menú de usuario a la pestaña «Mis códigos» e introduzca el que aparece a continuación:

RASCAR PARA VISUALIZAR EL CÓDIGO

- ⊘ Una vez se valide el código, aparecerá una ventana de confirmación y su eBook estará disponible **durante 1 año desde su activación** en la pestaña «Mis libros» en el menú de usuario.

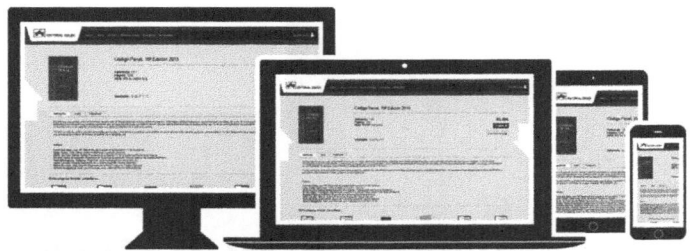

¡Gracias por confiar en Colex!

La obra que acaba de adquirir incluye de forma gratuita la versión electrónica. Acceda a nuestra página web para aprovechar todas las funcionalidades de las que dispone en nuestro lector.

Funcionalidades eBook

**Acceso desde
cualquier dispositivo**

**Idéntica visualización
a la edición de papel**

Navegación intuitiva

Tamaño del texto adaptable

Puede descargar la APP "Editorial Colex" para acceder a sus libros y a todos los códigos básicos actualizados.

Síguenos en:

CAUSAS DE SUSPENSIÓN DEL CONTRATO DE TRABAJO

CAUSAS DE SUSPENSIÓN DEL CONTRATO DE TRABAJO

Cómo funciona la suspensión del contrato laboral y sus causas más comunes

EDICIÓN 2024

Obra realizada por el Departamento de Documentación de Iberley

COLEX 2024

© Editorial Colex, S.L.
Calle Costa Rica, número 5, 3.º B (local comercial)
A Coruña, 15004, A Coruña (Galicia)
info@colex.es
www.colex.es

I.S.B.N.: 978-84-1194-425-0
Depósito legal: C 530-2024

SUMARIO

1.
SUSPENSIÓN DEL CONTRATO DE TRABAJO Y SUS CAUSAS

La suspensión del contrato de trabajo (arts. 45 a 48 del ET) es la situación de una relación laboral originada por la voluntad de las partes o por la ley, caracterizada por la exoneración temporal de las obligaciones básicas de trabajar y remunerar el trabajo, con pervivencia del vínculo jurídico. Descubra qué es la suspensión del contrato de trabajo, sus características, efectos y causas, como la mutuo acuerdo de las partes, incapacidad temporal, nacimiento o adopción de menores, riesgo durante el embarazo, ejercicio de cargo público, privación de libertad, suspensión de empleo y sueldo, fuerza mayor temporal, causas económicas, técnicas, organizativas o de producción, excedencia forzosa, excedencia voluntaria, ejercicio del derecho de huelga, decisión de la trabajadora víctima de violencia de género, incapacidad permanente con previsión de revisión por mejoría y permiso parental

1.1. Concepto de suspensión del contrato de trabajo

La suspensión del contrato de trabajo puede definirse como la situación de una relación laboral originada por la voluntad de las partes o por la ley, caracterizada por la exoneración temporal de las obligaciones básicas de trabajar y remunerar el trabajo, con pervivencia del vínculo jurídico. De esta definición surgen los requisitos esenciales de la suspensión:

- Temporalidad de la situación.
- No prestación de trabajo durante ella.
- No remuneración.
- Continuidad y pervivencia del contrato que, por la concurrencia de una causa suspensiva, sufre tan solo una especie de «aletargamiento».

Jurisprudencialmente como **características esenciales de todos los supuestos de suspensión se han establecido** (STSJ de la Comunidad Valenciana n.º 1860/2013, de 10 de septiembre, ECLI:ES:TSJCV:2013:5043):

– El contrato no se extingue, paralizándose simplemente algunos de sus efectos, aunque estos sean generalmente los más importantes.

– En cada una de las suspensiones, su específica significación ha de obtenerse de la correspondiente normativa, legal o contractual.

– En principio, la suspensión afecta primordial y, a veces, exclusivamente al deber de realizar la actividad convenida y de remunerar el trabajo, respectivamente para trabajador y empresario, pero quedan subsistentes aquellas otras relaciones y expectativas no paralizadas o destruidas por la suspensión, entre ellas los beneficios que deriven de los sucesivos convenios colectivos, salvo que otra cosa se deduzca de su propio articulado.

> **RESOLUCIÓN RELEVANTE**
>
> **STSJ Madrid, rec. 537/2014, de 28 de noviembre de 2014, ECLI:ES:TSJM:2014:14030**
>
> Aunque el Estatuto de los Trabajadores no define la suspensión del contrato de trabajo, sí que enumera sus causas de suspensión en el art. 45 y su efecto principal en el número 2 del propio precepto, por lo que se puede definir como «(...) la situación anormal de una relación laboral, originada por la voluntad de las partes o por la ley, caracterizada por la exoneración temporal de las obligaciones básicas de trabajar y remunerar el trabajo, con pervivencia del vínculo jurídico, de cuya definición surgen los requisitos esenciales de la suspensión: la temporalidad de la situación, la no prestación de trabajo durante ella y su no remuneración, y la continuidad y pervivencia del contrato que, por la concurrencia de una causa suspensiva sufre tan sólo una especie de 'aletargamiento'».

1.2. Posibles causas de suspensión del contrato de trabajo

Aunque el Estatuto de los Trabajadores no define la suspensión del contrato de trabajo, enumera sus **posibles causas** en el art. 45 del ET. De esta forma, el contrato de trabajo podrá suspenderse por las siguientes causas:

– **Permiso parental.** Las personas trabajadoras tendrán derecho a un permiso parental de ocho semanas (continuas o discontinuas y a tiempo completo o parcial), para el cuidado de hijo, hija o menor acogido (por tiempo superior a un año), hasta el momento en que el menor cumpla ocho años. Durante este permiso la relación laboral se suspenderá con derecho a reserva de puesto de trabajo.

– **Mutuo acuerdo de las partes.** Las partes pueden establecer motivos de suspensión del contrato siempre que no supongan abuso de derecho. Las condiciones de la suspensión han de establecerse por escrito. Salvo pacto en contrario el empresario estará exento de cotizar a la Seguridad Social durante ese periodo.

- **Incapacidad temporal de los trabajadores**. El contrato de trabajo podrá suspenderse por incapacidad temporal del trabajador al amparo del art. 45.1.c) del ET.

- **Nacimiento, adopción, guarda con fines de adopción o acogimiento** de menores de seis años o de menores de edad mayores de seis años con discapacidad o que, por sus circunstancias y experiencias personales o por provenir del extranjero, tengan especiales dificultades de inserción social y familiar debidamente acreditadas por los servicios sociales competentes, de conformidad con el Código Civil o las leyes civiles de las comunidades autónomas que lo regulen.

- **Riesgo durante el embarazo o riesgo durante la lactancia natural**. Ante determinadas situaciones, en el entorno laboral, que puedan influir sobre el desarrollo del feto o el periodo de lactancia (estudiadas individualmente o establecidas por convenio), la TGSS reconocerá las prestaciones por riesgo durante el embarazo o lactancia natural (arts. 186-189 de la LGSS).

- **Ejercicio de cargo público representativo**. El art. 45 del ET establece la posibilidad de suspensión del contrato de trabajo ante ejercicio de cargo público representativo.

- **Privación de libertad**. La suspensión del contrato de trabajo ante privación de libertad del trabajador se ampara en el art. 45.1 g) del ET, y se mantendrá mientras no exista sentencia condenatoria.

- **Suspensión de empleo y sueldo, por razones disciplinarias**. La suspensión del contrato de trabajo por motivos disciplinarios se recoge en los arts. 20, 45 y 58 del ET. Mientras se mantenga esta situación cesarán las obligaciones de trabajar y de remuneración y el trabajador se encontrará en situación asimilada al alta a efectos de cotización.

- **Fuerza mayor temporal**. La suspensión del contrato de trabajo por fuerza mayor temporal se establece en el art. 45.1 i) del ET en consonancia con el art. 47.5 del ET. Del mismo modo, la fuerza mayor temporal podrá estar determinada por impedimentos o limitaciones en la actividad normalizada de la empresa que sean consecuencia de decisiones adoptadas por la autoridad pública competente, incluidas aquellas orientadas a la protección de la salud pública (art. 47.6 del ET con efectos de 31 de diciembre de 2021).

- **Causas económicas, técnicas, organizativas o de producción**. La suspensión del contrato de trabajo y reducción de jornada temporal por causas económicas, técnicas, organizativas o de producción (ERTE), se realizará por el procedimiento establecido para el expediente de regulación de empleo regulado en el art. 47 del ET.

– **Excedencia forzosa**. La excedencia forzosa se observa en el art. 45.1 k) del ET, en el art. 48 del ET y, fundamentalmente, en el art. 46 del Estatuto de los trabajadores, siendo sus notas más características el reingreso automático y el cómputo de la antigüedad.

– **Excedencia voluntaria por cuidado de familiar o por cuidado de hijo**. Las excedencias voluntarias se contemplan en el art. 46 del ET, siendo su nota más característica la ausencia de reserva del puesto de trabajo (salvo especificación por convenio colectivo o por pacto individual). El trabajador tiene un derecho preferente al reingreso en las vacantes de igual o similar categoría a la suya.

– **Por el ejercicio del derecho de huelga o cierre legal de la empresa**. El art. 45.1 m) del ET establece que el contrato de trabajo podrá suspenderse por ejercicio del derecho de huelga o cierre patronal.

– **Decisión de la trabajadora que se vea obligada a abandonar su puesto de trabajo como consecuencia de ser víctima de violencia de género**. En este supuesto, el periodo de suspensión tendrá una duración inicial que no podrá exceder de seis meses, salvo que de las actuaciones de tutela judicial resultase que la efectividad del derecho de protección de la víctima requiriese la continuidad de la suspensión. En este caso, el juez podrá prorrogar la suspensión por periodos de tres meses, con un máximo de dieciocho meses (art. 48.8 del ET).

– **Incapacidad permanente con previsión de revisión por mejoría**. El art. 45.1. c) del Estatuto de los Trabajadores contempla como causas de suspensión del contrato de trabajo las situaciones de incapacidad temporal de los trabajadores, si bien estas causas suspensivas se mantienen hasta que recae resolución del Instituto Nacional de la Seguridad Social sobre la incapacidad, de tal forma que, si la propuesta es la denegación de incapacidad permanente en cualquiera de sus grados, concluiría la situación suspensiva y el trabajador debe reintegrarse a su trabajo. (STSJ de la Comunidad Valenciana n.º 2361/2005, de 8 de julio de 2005, ECLI:ES:TSJCV:2005:4804).

A TENER EN CUENTA. En paralelo a estas causas, el art. 48 del ET, regula el derecho a la reincorporación al puesto de trabajo reservado en los supuestos tratados.

1.3. Reserva del puesto de trabajo durante la suspensión del contrato

Al cesar las causas legales de suspensión, el trabajador tendrá derecho a la reincorporación al puesto de trabajo reservado, en todos los supuestos a que se refiere el art. 45.1 del ET excepto en los señalados en las letras a) y b), en que se estará a lo pactado.

Suspensión del contrato que origina derecho a la reserva del puesto de trabajo

El art. 48 del Estatuto de los Trabajadores regula la reserva del puesto de trabajo vinculada a las causas de suspensión del contrato de trabajo (art. 45 del ET).

La norma estatutaria, por tanto, tasa las **causas legales de suspensión por las que el trabajador tendrá derecho a la reincorporación al puesto de trabajo durante un tiempo «reservado»**, entiendo este como el periodo en el que la suspensión exonera de las obligaciones recíprocas de trabajar y remunerar el trabajo (art. 45.2 del ET).

Con carácter general, al cesar las causas legales de suspensión, el trabajador tendrá derecho a la reincorporación al puesto de trabajo reservado, salvo en aquellos supuestos en los que la norma se remite «a lo pactado» [arts. 45.1. a) y b) y 48.1 del ET]. Al cesar las causas legales de suspensión, el trabajador tendrá **derecho a la reincorporación al puesto de trabajo reservado**, en los **supuestos y condiciones que analizaremos a lo largo de la obra. A modo de resumen**:

– **Permiso parental**: el art. 48 bis del Estatuto de los Trabajadores (ET) reconoce el derecho a un permiso parental para el cuidado de hijos, hijas o menores acogidos con un tiempo de permanencia superior a un año, hasta la edad de 8 años. Este permiso tendrá una duración de 8 semanas máximo, a tiempo completo o en jornada parcial, y es un derecho individual de los trabajadores, hombres o mujeres.

– **Incapacidad temporal**: el alta médica supone el deber de reincorporación de la persona trabajadora a su puesto de trabajo.

– **Suspensión del contrato por posible mejoría de incapacidad permanente**: producida la extinción de esta situación con declaración de incapacidad permanente en los grados de incapacidad permanente total para la profesión habitual, absoluta para todo trabajo o gran invalidez subsistirá la suspensión de la relación laboral, con reserva del puesto de trabajo, durante un **periodo de dos años a contar desde la fecha de la resolución por la que se declare la incapacidad permanente**. Para ello, la resolución que reconozca al trabajador alguno de los grados de invalidez antes citados debe establecer la posible mejoría y la revisión de la IP.

– Nacimiento (**parto y el cuidado de menor de doce meses**):

• Madre biológica (este concepto incluye también a las personas trans gestantes): 16 semanas, de las cuales serán obligatorias las seis semanas ininterrumpidas inmediatamente posteriores al parto, que habrán de disfrutarse a jornada completa, para asegurar la protección de la salud de la madre.

• Progenitor distinto de la madre biológica: 16 semanas, de las cuales serán obligatorias las seis semanas ininterrumpidas inmediatamente posteriores al parto, que habrán de disfrutarse a jornada completa, para el cumplimiento de los deberes de cuidado previstos en el artículo 68 del Código Civil.

- Resto de situaciones (parto prematuro, parto prematuro con falta de peso, fallecimiento del hijo o hija, discapacidad del hijo o hija): siguiendo la regulación prevista en los art. 48.4, 6 y 7 del ET.

– **Adopción, guarda con fines de adopción y acogimiento** [art. 45.1.d) del ET]: 16 semanas para cada adoptante, guardador o acogedor:

- Seis semanas deberán disfrutarse a jornada completa de forma obligatoria e ininterrumpida inmediatamente después de la resolución judicial por la que se constituye la adopción o bien de la decisión administrativa de guarda con fines de adopción o de acogimiento.

- Las diez semanas restantes se podrán disfrutar en períodos semanales, de forma acumulada o interrumpida, dentro de los doce meses siguientes a la resolución judicial por la que se constituya la adopción o bien a la decisión administrativa de guarda con fines de adopción o de acogimiento.

- Resto de situaciones (adopción internacional, discapacidad del hijo o hija): siguiendo la regulación prevista en los art. 48.5 y 6 del ET.

– **Riesgo durante el embarazo y riesgo durante la lactancia natural de un menor de nueve meses** (art. 26 de la LPRL), la suspensión del contrato finalizará el día en que se inicie la suspensión del contrato por parto o el lactante cumpla nueve meses, respectivamente, o, en ambos casos, cuando desaparezca la imposibilidad de la trabajadora de reincorporarse a su puesto anterior o a otro compatible con su estado

– **Ejercicio de cargo público representativo o funciones sindicales de ámbito provincial o superior**: el trabajador deberá reincorporarse en el plazo máximo de treinta días naturales a partir de la cesación en el cargo o función.

– **Privación de libertad del trabajador (mientras no exista sentencia condenatoria)**: la relación laboral se mantiene suspendida hasta la resolución judicial del caso. En caso de sentencia condenatoria firme con privación de libertad, las ausencias ya no estarán justificadas y podría procederse al despido.

– **Suspensión de empleo y sueldo, por razones disciplinarias**: al cesar la sanción disciplinaria el trabajador tendrá derecho a la reincorporación al puesto de trabajo reservado.

– **Fuerza mayor temporal**: al cesar la causa de suspensión la persona trabajadora tendrá derecho a la reincorporación al puesto de trabajo reservado.

- **Causas económicas, técnicas, organizativas o de producción**: al cesar la causa de suspensión la persona trabajadora tendrá derecho a la reincorporación al puesto de trabajo reservado.

- **Excedencia forzosa**: al cesar la causa de suspensión la persona trabajadora tendrá derecho a la reincorporación al puesto de trabajo reservado.

- **Ejercicio del derecho de huelga**: al cesar la causa de suspensión la persona trabajadora tendrá derecho a la reincorporación al puesto de trabajo reservado.

- **Cierre legal de la empresa**: al cesar la causa de suspensión la persona trabajadora tendrá derecho a la reincorporación al puesto de trabajo reservado.

- **Decisión de la trabajadora que se vea obligada a abandonar su puesto de trabajo como consecuencia de ser víctima de violencia de género** [art. 45.1.n) del ET]: el periodo de suspensión tendrá una duración inicial que no podrá exceder de seis meses, salvo que de las actuaciones de tutela judicial resultase que la efectividad del derecho de protección de la víctima requiriese la continuidad de la suspensión. En este caso, el juez podrá prorrogar la suspensión por periodos de tres meses, con un máximo de dieciocho meses.

CUESTIÓN

¿Todos los motivos de suspensión del contrato establecidos en el art. 45.1 del ET permiten la reserva del puesto de trabajo durante la suspensión?

No. En los supuestos de mutuo acuerdo de las partes y por las causas consignadas válidamente en el contrato, se estará a lo pactado [arts. 45.1. a) y b) y 48.1 del ET].

JURISPRUDENCIA

STS n.º 276/2023, de 17 de abril del 2023, ECLI:ES:TS:2023:1566

Son constitutivas de despido procedente las ausencias al puesto de trabajo tras haberse expedido por el INSS el alta médica, en un proceso de IT que no agota los 365 días de duración, aunque contra aquella se presente reclamación previa administrativa y se acuda al puesto de trabajo una vez desestimada dicha reclamación.

RESOLUCIÓN RELEVANTE

ATS, rec. 4617/2017, de 11 de septiembre de 2018, ECLI:ES:TS:2018:9850A

Se considera el cumplimiento de condena de privación de libertad como falta de asistencia injustificada motivadora de despido disciplinario. La sentencia penal firme priva de justificación la ausencia al trabajo, puesto que desde la firmeza de aquella la ausencia deja de tener la cobertura de la situación suspensiva para configurarse como un incumplimiento de contrato, sancionable por el empresario en virtud del artículo 54.2.a) del ET.

1.4. Cuadro con las principales suspensiones del contrato y sus extremos

Causa de suspensión del contrato de trabajo	Regulación legal de la suspensión	Obligación de cotizar	Derecho a reserva de puesto de trabajo	Prestaciones asociadas	Clave y descripción para la mecanización en el sistema red
Mutuo acuerdo de las partes	Art. 45.a) del ET	Según pacto entre las partes	Según pacto entre las partes	No	74: Baja por otras causas de suspensión
Causas consignadas válidamente en el contrato	Art. 45.b) del ET	Según pacto entre las partes	Según pacto entre las partes	No	74: Baja por otras causas de suspensión
Incapacidad temporal de la persona trabajadora	Art. 45.c) del ET	Durante 365 (prorrogable por 180 días más)	Sí	Prestación por incapacidad temporal	Transcurrido el plazo de cotización: 65: Baja por agotamiento de I.T.
Nacimiento, adopción, acogimiento o guarda con fines de adoptar	Art. 45.d) del ET	Sí	Sí	Prestación por nacimiento y cuidado de menor	Comunicación de certificado maternidad/ paternidad
Riesgo durante el embarazo y riesgo durante la lactancia natural	Art. 45.e) del ET	Sí	Sí	Prestación por riesgo durante el embarazo o lactancia natural	
Ejercicio de cargo público representativo	Art. 45.f) del ET	No	Sí. Hasta el mes siguiente al cese de la causa de excedencia.	No	74: Baja por otras causas de suspensión
Privación de libertad del trabajador, mientras no exista sentencia condenatoria	Art. 45.g) del ET	No (situación asimilada al alta)	Sí. Hasta sentencia penal condenatoria prisión	No	74: Baja por otras causas de suspensión

Suspensión de empleo y sueldo, por razones disciplinarias	Art. 48 bis del ET	No	Sí	No	74: Baja por otras causas de suspensión
Permiso parental	Art. 45.h) del ET Art. 69 del Real Decreto 2064/1995, de 22 de diciembre	Sí (Como una situación de permanencia en alta sin retribución	Sí	No (pendiente de desarrollo reglamentario)	20: permiso parental tiempo completo
Fuerza mayor temporal	Art. 45.i) del ET	No ERE - Sin obligación de cotizar	Sí	No	69: Baja por suspensión temporal ERE
		ERE - Obligado a cotizar	Sí	Desempleo	Tipo de inactividad: 12 ERTE ETOP 47ET - SUSPENSIÓN 13 ERTE ETOP 47ET – REDUCCIÓN 16 ERTE FUERZA MAYOR 47ET - SUSPENSIÓN 18 ERTE FUERZA MAYOR 47ET – REDUCCIÓN
Causas económicas, técnicas, organizativas o de producción	Arts. 45.j) y 47 del ET	Sí	Sí	Desempleo	69: Baja por suspensión temporal ERE
Excedencia forzosa	Arts. 45.k), 46.1 y 48.3 del ET	No	Sí. Hasta el mes siguiente al cese de la causa de excedencia.	No	63: Baja por excedencia voluntaria o forzosa
Excedencia voluntaria	Art. 46.2 del ET	No	No (solo derecho preferente de reingreso en vacante de igual o similar categoría)	No	63: Baja por excedencia voluntaria o forzosa

17

Excedencia por cuidado de hijo o de familiares	Art. 46.3 del ET	No	Sí (durante el primer año. Transcurrido dicho plazo, la reserva quedará referida a un puesto de trabajo del mismo grupo profesional o categoría equivalente)	No	68: Excedencia cuidado de hijos
Excedencia por ejercicio de funciones sindicales de ámbito provincial o superior	Art. 46.4 del ET	No	No (solo derecho preferente de reingreso en vacante de igual o similar categoría)		63: Baja por excedencia voluntaria o forzosa
Ejercicio del derecho de huelga	Art. 45.l) del ET	No (situación de alta especial)	Sí	No	Tipo de inactividad: 2 - Huelga total 3 - Huelga parcial
Cierre legal de la empresa	Art. 45. m) del ET	No (situación de alta especial)	Sí	No	54: Baja no voluntaria
Decisión de la trabajadora que se vea obligada a abandonar su puesto de trabajo como consecuencia de ser víctima de violencia de género	Art. 45.n) del ET	Sin obligación de cotizar	Sí	Desempleo	80: Suspensión por violencia de género

Fuente: Causas de suspensión de un contrato (Ayudapedia); BNR n.º 2012/08, de 5 de octubre de 2012; BNR n.º 2/2024, de 22 de enero de 2024.

2.
LA SUSPENSIÓN DEL CONTRATO DE TRABAJO POR CAUSAS EMPRESARIALES

La suspensión del contrato de trabajo por causas empresariales se limita tradicionalmente a la existencia de razones económicas, técnicas, organizativas, productivas o ante la imposición de sanciones a la persona trabajadora.

2.1. Expediente de Regulación Temporal de Empleo (ERTE)

El expediente temporal de regulación de empleo (ERTE) es una medida de flexibilidad que otorga la legislación laboral a la empresa para suspender los contratos o reducir las jornadas ante determinadas causas justificadas.

Concepto

El expediente temporal de regulación de empleo, más conocido como ERTE, es una medida de flexibilidad que otorga la legislación laboral a la empresa para suspender los contratos o reducir las jornadas ante determinadas causas justificadas.

Atendiendo al Estatuto de los Trabajadores, se trataría del procedimiento que han de realizar las empresas cuando, como consecuencia de causas económicas, técnicas, organizativas o de producción (ETOP), o de fuerza mayor, tengan que suspender temporalmente la totalidad o parte de su actividad, con la consiguiente suspensión de los contratos de trabajo o la reducción temporal de la jornada de trabajo de las personas trabajadoras (Ministerio de Trabajo y Economía Social).

Por tratarse de una medida temporal, la empresa no abonará indemnización de ningún tipo a las personas trabajadoras afectadas, sin perjuicio del derecho a percibir las prestaciones de desempleo.

CUESTIÓN

¿Qué ha supuesto la reforma laboral de 2021-2022 sobre los ERTE?

Con carácter general, el Real Decreto-ley 32/2021, de 28 de diciembre (reforma laboral 2021-2022) ha supuesto:

- Una revisión del modelo de ERTE (modificación del art. 47 del ET) para facilitar su tramitación y flexibilidad (el periodo de consultas se reduce a siete días para las empresas con menos de 50 trabajadores, previa constitución de la comisión representativa; se refuerza la información a la representación de las personas trabajadoras durante la aplicación de los ERTE; se incorporan las prohibiciones de horas extra y externalizaciones de servicios).

- El ERTE fuerza mayor por impedimentos o limitaciones en la actividad normalizada se regula como mecanismo permanente (nuevo art. 47.6 del Estatuto de los Trabajadores).

- Se crea el Mecanismos RED de Flexibilidad y Estabilización del Empleo.

- Se establecen los beneficios en la cotización a la Seguridad Social permanentes aplicables a los ERTE (art. 47 del ET), así como los aplicables con relación a los nuevos Mecanismos RED de Flexibilidad y Estabilización del Empleo (art. 47 bis del ET). (D.A. 44.ª de la LGSS).

Tipos de ERTE

El art. 47 del Estatuto de los trabajadores regula de forma homóloga las suspensiones del contrato (o reducciones de jornada) por causas económicas, técnicas, organizativas o de producción, derivadas de fuerza mayor temporal, o, fuerza mayor temporal determinada por impedimentos o limitaciones en la actividad normalizada de la empresa que sean consecuencia de decisiones adoptadas por la autoridad pública competente, incluidas aquellas orientadas a la protección de la salud pública.

Del mismo modo, la reforma laboral 2021-2022 ha introducido el Mecanismo RED de Flexibilidad y Estabilización del Empleo, por el que las empresas podrán solicitar medidas de reducción de jornada y suspensión de contratos de trabajo.

Siguiendo la regulación estatutaria encontramos dos posibilidades, **la reducción de jornada o la suspensión del contrato**:

TIPOS DE ERTE

ART. 47 DEL ESTATUTO DE LOS TRABAJADORES

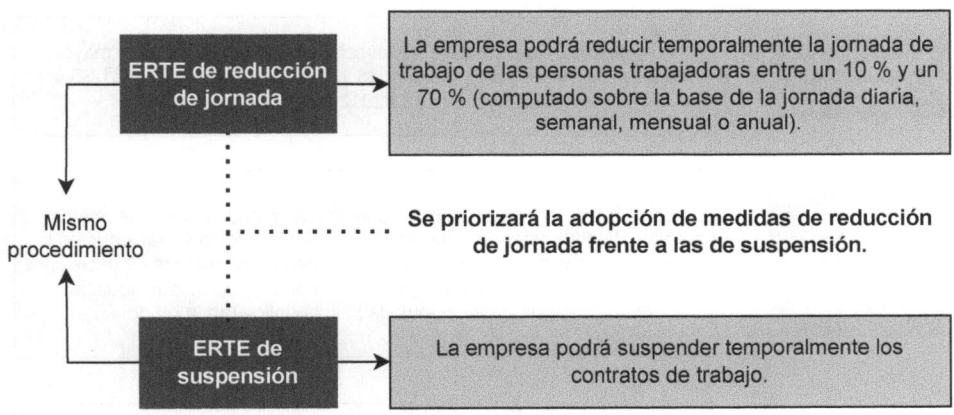

ERTE de reducción de jornada

La empresa podrá reducir temporalmente la jornada de trabajo de las personas trabajadoras entre un 10 % y un 70 % (computado sobre la base de la jornada diaria, semanal, mensual o anual).

Mismo procedimiento

Se priorizará la adopción de medidas de reducción de jornada frente a las de suspensión.

ERTE de suspensión

La empresa podrá suspender temporalmente los contratos de trabajo.

ART. 47 BIS DEL ESTATUTO DE LOS TRABAJADORES

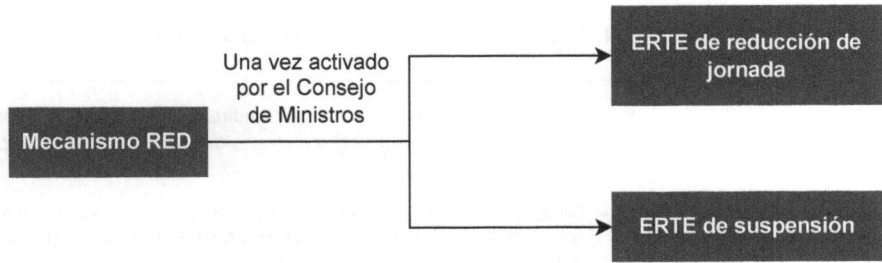

Mecanismo RED

Una vez activado por el Consejo de Ministros

ERTE de reducción de jornada

ERTE de suspensión

21

Causas del ERTE

Antes de analizar cada una de las causas fijadas por la normativa, podemos hacer cuatro grandes divisiones:

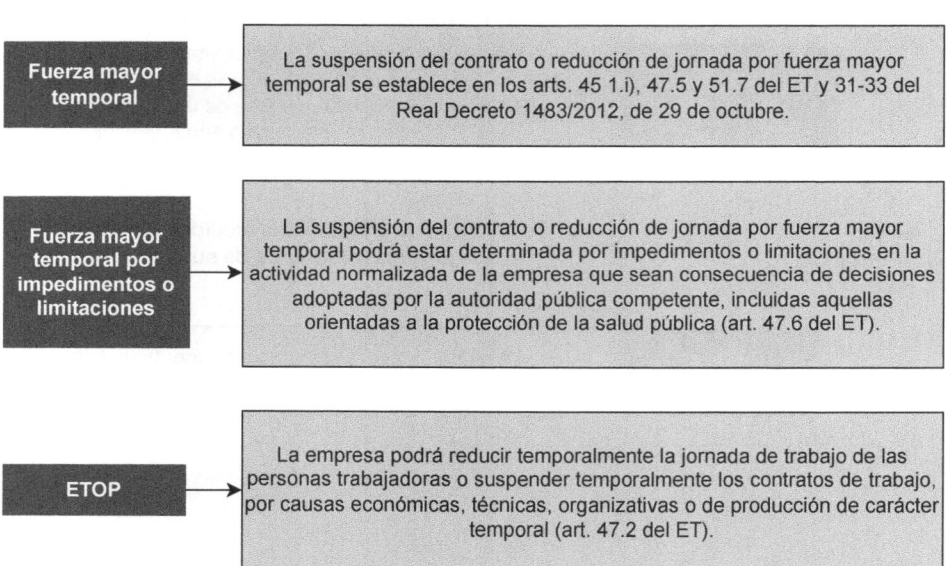

CAUSAS DEL ERTE

ART. 47 DEL ESTATUTO DE LOS TRABAJADORES

Fuerza mayor temporal → La suspensión del contrato o reducción de jornada por fuerza mayor temporal se establece en los arts. 45 1.i), 47.5 y 51.7 del ET y 31-33 del Real Decreto 1483/2012, de 29 de octubre.

Fuerza mayor temporal por impedimentos o limitaciones → La suspensión del contrato o reducción de jornada por fuerza mayor temporal podrá estar determinada por impedimentos o limitaciones en la actividad normalizada de la empresa que sean consecuencia de decisiones adoptadas por la autoridad pública competente, incluidas aquellas orientadas a la protección de la salud pública (art. 47.6 del ET).

ETOP → La empresa podrá reducir temporalmente la jornada de trabajo de las personas trabajadoras o suspender temporalmente los contratos de trabajo, por causas económicas, técnicas, organizativas o de producción de carácter temporal (art. 47.2 del ET).

ART. 47 BIS DEL ESTATUTO DE LOS TRABAJADORES

Mecanismo RED → Permitirá a las empresas la solicitud de medidas de reducción de jornada y suspensión de contratos de trabajo (previa activación por el Consejo de Ministros) cuando:

- Se aprecie una coyuntura macroeconómica general que aconseje la adopción de instrumentos adicionales de estabilización, con una duración máxima de un año (cíclica).
- En un determinado sector o sectores de actividad se aprecien cambios permanentes que generen necesidades de recualificación y de procesos de transición profesional de las personas trabajadoras, con una duración máxima inicial de un año y la posibilidad de dos prórrogas de seis meses cada una (sectorial).

Normas comunes a los distintos tipos de ERTE

El art. 47.7 del ET establece una serie de normas comunes aplicables a los expedientes de regulación temporal de empleo por causas económicas, técnicas, organizativas y de producción, y a los que estén basados en una causa de fuerza mayor temporal:

1. **Priorización de medidas de reducción de jornada frente a las de suspensión** de contratos.

2. **Porcentaje de reducción de jornada**: la reducción de jornada podrá ser de entre un 10 % y un 70 % y computarse sobre la base de la jornada diaria, semanal, mensual o anual.

3. **Obligación de comunicación de la duración de la medida e identificación de las personas trabajadoras afectadas** (incluidas las medidas adoptadas de forma individual): la empresa junto con la notificación, comunicación o solicitud, según proceda, a la autoridad laboral sobre su decisión de reducir la jornada de trabajo o suspender los contratos de trabajo, a que se refieren los apartados 3, 4, 5 y 6, comunicará a través de los procedimientos automatizados que se establezcan:

   • El período dentro del cual se va a llevar a cabo la aplicación de la suspensión del contrato o la reducción de jornada.

   • La identificación de las personas trabajadoras incluidas en el expediente de regulación temporal de empleo.

   • El tipo de medida a aplicar respecto de cada una de las personas trabajadoras y el porcentaje máximo de reducción de jornada o el número máximo de días de suspensión de contrato a aplicar.

4. **Posibilidad de afectar y desafectar del ERTE**: durante el periodo de aplicación del expediente, la empresa podrá desafectar y afectar a las personas trabajadoras en función de las alteraciones de las circunstancias señaladas como causa justificativa de las medidas, informando previamente de ello a la representación legal de las personas trabajadoras y previa comunicación a la entidad gestora de las prestaciones sociales y, conforme a los plazos establecidos reglamentariamente, a la Tesorería General de la Seguridad Social, a través de los procedimientos automatizados que establezcan dichas entidades.

5. **Prohibición de la realización de horas extraordinarias, externalizaciones de actividad o nuevas contrataciones laborales**: dentro del periodo de aplicación del expediente no podrán realizarse horas extraordinarias, establecerse nuevas externalizaciones de actividad ni concertarse nuevas contrataciones laborales. Esta prohibición no resultará de aplicación en el supuesto en que las personas en suspensión contractual o reducción de jornada que presten servicios en el centro de trabajo afectado por nuevas contrataciones o externalizaciones no puedan, por formación, capacitación u otras razones objetivas y justificadas, desarrollar las funciones encomendadas a aquellas, previa información al respecto por parte de la empresa a la representación legal de las personas trabajadoras.

6. **Incremento en las exoneraciones en caso de desarrollar acciones formativas**: las empresas que desarrollen acciones formativas (D.A. 25.ª del ET), a favor de las personas afectadas por el ERTE, tendrán derecho a un incremento de crédito para la financiación de acciones en el ámbito de la formación programada, en los términos previstos en el art. 9.7 de la Ley 30/2015, de 9 de septiembre, por la que se regula el Sistema de Formación Profesional para el empleo en el ámbito laboral:

> «7. Las empresas que formen a personas afectadas por expedientes de regulación temporal de empleo regulados en el artículo 47 del Estatuto de los Trabajadores o por una de las modalidades del Mecanismo RED a las que hace referencia el artículo 47 bis de dicha norma, tendrán derecho a un incremento de crédito para la financiación de acciones en el ámbito de la formación programada de la cantidad que se indica a continuación, en función del tamaño de la empresa:
> a) De 1 a 9 personas trabajadoras: 425 euros por persona.
> b) De 10 a 49 personas trabajadoras: 400 euros por persona.
> c) De 50 o más personas trabajadoras: 320 euros por persona.
> Este incremento de crédito será financiado a través de una aportación extraordinaria al presupuesto del Servicio Público de Empleo Estatal.
> Las cuantías establecidas anteriormente podrán, en su caso, ser actualizadas reglamentariamente.
> Asimismo, para el seguimiento de esta formación, el Servicio Público de Empleo Estatal será reforzado en sus unidades provinciales de gestión».

7. **Mantenimiento en el empleo de las personas trabajadoras afectadas por el ERTE**: los beneficios en materia de cotización vinculados a los expedientes de regulación temporal de empleo estarán condicionados al mantenimiento en el empleo de las personas trabajadoras afectadas durante los seis meses siguientes a la finalización del período de vigencia del expediente de regulación temporal de empleo. La D.A 44.ª.10 de la LGSS regula el contenido y requisitos sobre las exenciones en la cotización.

8. **Prestación por desempleo durante el ERTE**: la prestación a percibir por las personas trabajadoras se regirá por lo establecido en el art. 267 y la D.A. 46.ª de la LGSS:

- La cuantía de la prestación se determinará aplicando a la base reguladora el porcentaje del 70 por ciento, durante toda la vigencia de la medida. No obstante, serán de aplicación las cuantías máximas y mínimas previstas (art. 270.3 de la LGSS).

- El acceso a esta prestación no implicará el consumo de las cotizaciones previamente efectuadas a ningún efecto.

- Las personas afectadas tendrán derecho al reconocimiento de la prestación contributiva por desempleo, aunque carezcan del período de ocupación cotizada mínimo necesario para ello.

2.1.1. Causas económicas, técnicas, organizativas o de producción (ERTE ETOP)

La empresa podrá reducir temporalmente la jornada de trabajo de las personas trabajadoras o suspender temporalmente los contratos de trabajo, por causas económicas, técnicas, organizativas o de producción de carácter temporal, con arreglo a lo previsto en el art. 47 del ET y en el Reglamento de los procedimientos de despido colectivo y de suspensión de contratos y reducción de jornada.

No se establece un plazo máximo para la aplicación de la situación suspensiva, cuya duración debe ser adecuada y proporcionada a la situación que la determina. Sin embargo, sí se exige que la empresa informe a la autoridad laboral del periodo dentro del cual se va a llevar a cabo la aplicación de estas medidas.

La normativa reguladora a tener en cuenta es:

- Art. 47 del ET (apdos. 1, 2, 3, 4 y 7) y D.A. 25.ª del ET.
- Arts. 16-24 del Real Decreto 1483/2012, de 29 de octubre.
- Art. 153 bis y DD.AA. 41.ª y 44.ª de la LGSS.

CUESTIÓN

¿Qué modificaciones se realizaron mediante la reforma laboral 2021-2022 (Real Decreto-ley 32/2021, de 28 de diciembre) sobre los ERTE ETOP?

- Esta norma supuso las siguientes **modificaciones:**

- El **período de consultas** tendrá una duración máxima de quince días. En el supuesto de empresas de menos de cincuenta personas de plantilla, **se reduce a 7 días el período de consultas.**

- Se reduce de 7 a 5 días el plazo máximo para constituir la **comisión representativa.** Cuando no haya representación legal de los trabajadores, el plazo para constituirla se reduce de 15 a 10 días.

- Desaparece la obligación del traslado de la **comunicación empresarial al SEPE** por parte de la autoridad laboral.

- Se prevé la posibilidad de **prorrogar los ERTE** tras un período de consultas (de duración no superior a 5 días) con los representantes legales de los trabajadores.

- En caso de **impugnación** por parte de la persona trabajadora, la sentencia declarará la obligación de reintegro de las prestaciones y del ingreso de las diferencias de cotización a la Seguridad Social.

- Se incorporan de **manera permanente:**

    o Las prohibiciones de realizar horas extra, externalizaciones de servicio y nuevas contrataciones durante la aplicación del ERTE.

    o La posibilidad de afectar o desafectar a las personas trabajadoras del ERTE en función de las alteraciones de las circunstancias justificadoras de las medidas.

    o El incremento de crédito para la financiación de actividades formativas durante el ERTE (D.A 25.ª del ET añadida por el Real Decreto-ley 32/2021, de 28 de diciembre).

---

o La obligación de mantenimiento en el empleo de las personas trabajadoras afectadas (D.A. 44.ª.10 de la LGSS) cuando se solicitan exoneraciones en la cotización de las personas afectadas.

o Se regula la cotización en los supuestos de reducción de jornada o suspensión de contrato (art. 153 bis de la LGSS).

Posibilidades

– Reducir temporalmente la jornada de trabajo de las personas trabajadoras (entre un 10 % y un 70 %).

– Suspender temporalmente los contratos de trabajo.

En la medida en que ello sea viable, se priorizará la adopción de medidas de reducción de jornada frente a las de suspensión de contratos.

El alcance y duración de las medidas de suspensión de los contratos o de reducción de jornada se adecuarán a la situación coyuntural que se pretende superar. Es decir, la norma no regula una duración máxima para la duración de las consecuencias de un expediente de regulación temporal de empleo, pudiendo alargarse en el tiempo, mientras se demuestren las causas que provocaron y posibilitaron el ERTE.

JURISPRUDENCIA

STS, rec. 74/2019, de 17 de julio de 2020, ECLI:ES:TS:2020:2781

Para la suspensión de contratos, o la reducción de la jornada de medidas de flexibilidad de carácter temporal, es necesario que las causas que las justifiquen tengan un carácter coyuntural, de suerte que estas medidas no resultan idóneas para solventar situaciones de carácter estructural, llegando a reputarse fraudulenta la adopción de las mismas cuando la situación es irreversible.

CUESTIÓN

Durante la aplicación del ERTE, ¿un trabajador puede verse afectado por una reducción de su jornada y una suspensión de su contrato?

En la medida en que ello sea viable, se priorizará la adopción de medidas de reducción de jornada frente a las de suspensión de contratos (art.47.7 del ET). No obstante, la STSJ de Madrid n.º 1126/2023, de 11 de diciembre del 2023, ECLI:ES:TSJM:2023:13918, ha concretado: «durante la aplicación del ERTE, cada trabajador solo puede verse afectado en exclusiva por una reducción de su jornada o por la suspensión de su contrato, sin que quepa una combinación de ambas, y sin perjuicio de la afectación o desafectación, o de la variación en el porcentaje de reducción de jornada, que se produzcan ante la alteración de las circunstancias alegadas como causa justificativa de las medidas».

Causas

Las causas económicas, organizativas, técnicas y de producción son:

– **Causas económicas**: cuando de los resultados de la empresa se desprenda una situación económica negativa, en casos tales como la existencia de pérdidas actuales o previstas, o la disminución persistente de su nivel de ingresos ordinarios o ventas. En todo caso, se entenderá que la disminución es persistente si durante dos trimestres consecutivos el nivel de ingresos ordinarios o ventas de cada trimestre es inferior al registrado en el mismo trimestre del año anterior.

- **Causas técnicas**: cuando se produzcan cambios, entre otros, en el ámbito de los medios o instrumentos de producción.

- **Causas organizativas**: cuando se produzcan cambios, entre otros, en el ámbito de los sistemas y métodos de trabajo del personal o en el modo de organizar la producción.

- **Causas productivas**: cuando se produzcan cambios, entre otros, en la demanda de los productos o servicios que la empresa pretende colocar en el mercado.

A este respecto, y conforme a los arts. 4 y 18.2b) del Real Decreto 1483/2012, de 29 de octubre, en función de la causa aducida por la empresa, será exigible cierta documentación determinada.

Procedimiento y especificaciones para el periodo de consultas

Con independencia del número de personas trabajadoras de la empresa y el número de personas afectadas por la reducción o por la suspensión:

1.º El procedimiento (art. 17 del Real Decreto 1483/2012, de 29 de octubre) se inicia por escrito, mediante la comunicación de la apertura del período de consultas dirigida por el empresario a los representantes legales de los trabajadores con el contenido especificado a continuación:

• Especificación de las causas que motivan la suspensión de contratos o la reducción de jornada.

• Número y clasificación profesional de los trabajadores afectados por las medidas de suspensión de contratos o reducción de jornada. Cuando el procedimiento afecte a más de un centro de trabajo, esta información debe estar desglosada por centro de trabajo y, en su caso, provincia y CA.

• Número y clasificación profesional de los trabajadores empleados habitualmente en el último año. Cuando el procedimiento de suspensión de contratos o reducción de jornada afecte a más de un centro de trabajo, esta información debe estar desglosada por centro de trabajo y, en su caso, provincia y CA.

• Concreción y detalle de las medidas de suspensión de contratos o reducción de jornada.

• Criterios tenidos en cuenta para la designación de los trabajadores afectados por la suspensión del contrato o la reducción de jornada.

- Copia de la comunicación dirigida a los trabajadores o a sus representantes por la empresa de su intención de iniciar el procedimiento.

- Representantes de los trabajadores que integran la comisión negociadora o, en su caso, indicación de la falta de constitución de ésta en los plazos legales.

La referida comunicación debe ir acompañada de una memoria explicativa de las causas de la suspensión de contratos o reducción de jornada y restantes aspectos relacionados en este apartado.

2.º Comunicación a la autoridad laboral competente y apertura simultánea de un periodo de consultas con la representación legal de las personas trabajadoras de duración no superior a quince días (siete días en el supuesto de empresas de menos de cincuenta personas de plantilla).

- La comisión representativa de las personas trabajadoras deberá quedar constituida con carácter previo a la comunicación empresarial de apertura del periodo de consultas. A estos efectos, la dirección de la empresa deberá comunicar de manera fehaciente a las personas trabajadoras o a sus representantes su intención de iniciar el procedimiento. El plazo máximo para la constitución de la comisión representativa será de cinco días desde la fecha de la referida comunicación, salvo que alguno de los centros de trabajo que vaya a estar afectado por el procedimiento no cuente con representantes legales de los trabajadores, en cuyo caso el plazo será de diez días. Transcurrido el plazo máximo para la constitución de la comisión representativa, la dirección de la empresa podrá comunicar formalmente a la representación de las personas trabajadoras y a la autoridad laboral el inicio del periodo de consultas. La falta de constitución de la comisión representativa no impedirá el inicio y transcurso del periodo de consultas, y su constitución con posterioridad al inicio del mismo no comportará, en ningún caso, la ampliación de su duración.

- La consulta se llevará a cabo en una única comisión negociadora, si bien, de existir varios centros de trabajo, quedará circunscrita a los centros afectados por el procedimiento. La comisión negociadora estará integrada por un máximo de trece miembros en representación de cada una de las partes.

- La intervención como interlocutores ante la dirección de la empresa en el procedimiento de consultas corresponderá a los sujetos indicados en el artículo 41.4 del ET, en el orden y condiciones señalados en el mismo.

- La autoridad laboral recabará informe preceptivo de la Inspección de Trabajo y Seguridad Social sobre los extremos de dicha comunicación y sobre el desarrollo del periodo de consultas. El informe deberá ser evacuado en el improrrogable plazo de quince días desde la notificación a la autoridad laboral de la finalización del periodo de consultas y quedará incorporado al procedimiento.

3.º Durante el periodo de consultas, las partes deberán negociar de buena fe, con vistas a la consecución de un acuerdo. Dicho acuerdo requerirá la conformidad de la mayoría de los representantes legales de los trabajadores o, en su caso, de la mayoría de miembros de la comisión representativa de las personas trabajadoras siempre que, en ambos casos, representen a la mayoría de las personas trabajadoras del centro o centros de trabajo afectados.

4.º La empresa y la representación de las personas trabajadoras podrán acordar en cualquier momento la sustitución del periodo de consultas por el procedimiento de mediación o arbitraje que sea de aplicación en el ámbito de la empresa, que deberá desarrollarse dentro del plazo máximo señalado para dicho periodo.

Suspensión del contrato o reducción de jornada por causas económicas, técnicas, organizativas o de producción. Art. 47 del ET (con efectos de 31/12/2021) y arts. 16-24 del Real Decreto 1483/2012, de 29 de octubre		– El empresario podrá suspender el contrato de trabajo por causas económicas, técnicas, organizativas o de producción, con arreglo a lo previsto en este artículo y al procedimiento que se determine reglamentariamente. – La jornada de trabajo podrá reducirse por causas económicas, técnicas, organizativas o de producción de entre un diez y un setenta por ciento computada sobre la base de una jornada diaria, semanal, mensual o anual. – El contrato de trabajo podrá ser suspendido por causa derivada de fuerza mayor con arreglo al procedimiento establecido en el art. 51.7 del ET.
	DURACIÓN	No superior a 15 días (7 para empresas de menos de cincuenta personas de plantilla).
	ASUNTO	Medidas previstas y sus consecuencias para los trabajadores.
	INTERVENCIÓN COMO INTERLOCUTORES ANTE LA DIRECCIÓN DE LA EMPRESA	Corresponde a los sujetos indicados en el apdo. 4 del art. 41 del ET, en el orden y condiciones señalados en el mismo.
	COMUNICACIÓN AUTORIDAD LABORAL	La dirección de la empresa deberá comunicar de manera fehaciente a los trabajadores o a sus representantes su intención de iniciar el procedimiento.

Suspensión del contrato o reducción de jornada por causas económicas, técnicas, organizativas o de producción. Art. 47 del ET (con efectos de 31/12/2021) y arts. 16-24 del Real Decreto 1483/2012, de 29 de octubre	**NOTIFICACIÓN A LOS TRABAJADORES**	– La dirección de la empresa deberá comunicar de manera fehaciente a los trabajadores o a sus representantes su intención de iniciar el procedimiento. – Tras la finalización del periodo de consultas el empresario notificará a los trabajadores y a la autoridad laboral su decisión sobre la suspensión de contratos. – Si en el plazo de quince días desde la fecha de la última reunión celebrada en el periodo de consultas, el empresario no hubiera comunicado a los representantes de los trabajadores y a la autoridad laboral su decisión sobre la suspensión de contratos, se producirá la caducidad del procedimiento en los términos que reglamentariamente se establezcan.
	ACTUACIÓN DEL TRABAJADOR ANTE LA MEDIDA ACORDADA	– Cuando el periodo de consultas finalice con acuerdo se presumirá que concurren las causas justificativas aludidas y solo podrá ser impugnado ante la jurisdicción social por la existencia de fraude, dolo, coacción o abuso de derecho en su conclusión.
	PECULIARIDADES	– La consulta se llevará a cabo en una única comisión negociadora. Si existen varios centros de trabajo, quedará circunscrita a los centros afectados por el procedimiento. – La comisión negociadora estará integrada por un máximo de trece miembros en representación de cada una de las partes. – La comisión representativa de los trabajadores deberá quedar constituida con carácter previo a la comunicación empresarial de apertura del periodo de consultas. – El plazo máximo para la constitución de la comisión representativa será de siete días desde la fecha de la referida comunicación, salvo que alguno de los centros de trabajo que vaya a estar afectado por el procedimiento no cuente con representantes legales de los trabajadores, en cuyo caso el plazo será de quince días.

Suspensión del contrato o reducción de jornada por causas económicas, técnicas, organizativas o de producción. Art. 47 del ET (con efectos de 31/12/2021) y arts. 16-24 del Real Decreto 1483/2012, de 29 de octubre	**PECULIARIDADES**	– La autoridad laboral dará traslado de la comunicación empresarial a la entidad gestora de las prestaciones por desempleo y recabará informe preceptivo de la Inspección de Trabajo y Seguridad Social sobre los extremos de dicha comunicación y sobre el desarrollo del periodo de consultas. El informe deberá ser evacuado en el improrrogable plazo de quince días desde la notificación a la autoridad laboral de la finalización del periodo de consultas y quedará incorporado al procedimiento. – Los acuerdos han de tener la conformidad de la mayoría de los representantes legales de los trabajadores o, en su caso, de la mayoría de los miembros de la comisión representativa de los trabajadores siempre que, en ambos casos, representen a la mayoría de los trabajadores del centro o centros de trabajo afectados. – Surtirá efectos a partir de la fecha de su comunicación a la autoridad laboral, salvo que en ella se contemple una posterior. La autoridad laboral comunicará la decisión empresarial a la entidad gestora de la prestación por desempleo. – La decisión empresarial podrá ser impugnada por la autoridad laboral a petición de la entidad gestora de la prestación por desempleo cuando aquella pudiera tener por objeto la obtención indebida de las prestaciones por parte de las personas trabajadoras, por inexistencia de la causa motivadora de la situación legal de desempleo

JURISPRUDENCIA

STS, rec. 230/2014, de 16 de septiembre de 2015, ECLI:ES:TS:2015:5127

Decisión empresarial suspensión contratos y reducción jornada por causas económicas y productivas: sucesión temporal entre medidas flexibilizadoras internas y externas precedentes finalizadas con acuerdo y la actual finalizada sin acuerdo e inexistencia de pacto en las primeras que impidiera luego adoptar medidas de suspensión y/o de reducción.

Buena fe: distinción circunstancias concurrentes en los distintos periodos temporales. Durante periodo consultas la RLT tuvo información necesaria sobre medida y causas, pudiendo participar en la conformación de la decisión, aportando propuestas o mostrando rechazo:

a) Existencia buena fe. (STS, rec. 180/2014, de 16 de julio de 2015, ECLI:ES:TS:2015:3810).

b) Importancia de la comunicación de los criterios para la designación trabajadores afectados (con referencia a STS, rec. 303/2013, de 18 de julio de 2014, ECLI:ES:TS:2014:3884): la circunstancia de que los criterios no se especificaran en comunicación inicial apertura periodo consultas como exige el art. 17.2. e) del RD 1483/2012, aunque sí en la memoria entregada conjuntamente con dicha inicial comunicación, no es defecto trascendente para originar la nulidad procedimiento, tanto más cuanto cabe entenderlos suficientes y no fueron cuestionada por RLT durante período consultas.

Intervención de la autoridad laboral

La autoridad laboral recabará informe preceptivo de la Inspección de Trabajo y Seguridad Social sobre los extremos de la comunicación de inicio del periodo de consultas y sobre el desarrollo de este. El informe deberá ser evacuado en el improrrogable plazo de quince días desde la notificación a la autoridad laboral de la finalización del periodo de consultas y quedará incorporado al procedimiento.

Finalización y posible impugnación

Tras la finalización del periodo de consultas, la empresa notificará a las personas trabajadoras y a la autoridad laboral su decisión sobre la reducción de jornada o la suspensión de contratos, que deberá incluir el periodo dentro del cual se va a llevar a cabo la aplicación de estas medidas.

La decisión empresarial surtirá efectos a partir de la fecha de su comunicación a la autoridad laboral, salvo que en ella se contemple una posterior.

Si en el plazo de quince días desde la fecha de la última reunión celebrada en el periodo de consultas, la empresa no hubiera comunicado a los representantes de los trabajadores y a la autoridad laboral su decisión sobre la suspensión de contratos o reducción temporal de jornada, se producirá la caducidad del procedimiento en los términos que reglamentariamente se establezcan.

Cuando el periodo de consultas finalice con acuerdo se presumirá que concurren las causas justificativas y solo podrá ser impugnado ante la jurisdicción social por la existencia de fraude, dolo, coacción o abuso de derecho en su conclusión.

Prórroga del ERTE ETOP

Entre las novedades impulsadas por la reforma laboral 2021-2022 (con efectos de 31/01/2021), encontramos la **posibilidad de prorrogar los ERTE ETOP tras un período de consultas (de duración no superior a 5 días) con los representantes legales de los trabajadores**. De esta forma, en cualquier momento durante la vigencia de las medidas analizadas la empresa podrá comunicar a la representación de las personas trabajadoras con la que hubiera desarrollado el periodo de consultas una propuesta de prórroga de la medida (art. 47.4 del ET).

La necesidad de esta prórroga deberá ser tratada en un **periodo de consultas de duración máxima de cinco días**, y la decisión empresarial será comunicada a la autoridad laboral en un **plazo de siete días**, surtiendo efectos desde el día siguiente a la finalización del periodo inicial de reducción de jornada o suspensión de la relación laboral. Salvo estos plazos, resultarán de aplicación a este periodo de consultas las previsiones ya analizadas recogidas en el art. 47.3 del ET.

Prohibiciones

Dentro del periodo de aplicación del expediente no podrán realizarse horas extraordinarias, establecerse nuevas externalizaciones de actividad ni concertarse nuevas contrataciones laborales [art. 47.7.d) del ET].

A TENER EN CUENTA. Esta prohibición no resultará de aplicación en el supuesto en que las personas en suspensión contractual o reducción de jornada que presten servicios en el centro de trabajo afectado por nuevas contrataciones o externalizaciones no puedan, por formación, capacitación u otras razones objetivas y justificadas, desarrollar las funciones encomendadas a aquellas, previa información al respecto por parte de la empresa a la representación legal de las personas trabajadoras [art. 47.7.d) del ET].

En paralelo, el art. 7.14 de la LISOS, considera una infracción grave en materia de relaciones laborales (por cada una de las personas trabajadoras afectadas) «La formalización de nuevas contrataciones laborales incumpliendo la prohibición establecida en el artículo 47.7.d) del Estatuto de los Trabajadores».

Posible indemnización

La adopción de las medidas de suspensión de contratos o reducción de jornada no generará derecho a indemnización alguna a favor de las personas trabajadoras afectadas.

Posibilidad de afectar o desafectar a las personas trabajadoras del ERTE

Durante el periodo de aplicación del expediente, la empresa podrá desafectar y afectar a las personas trabajadoras en función de las alteraciones de las circunstancias señaladas como causa justificativa de las medidas, informando previamente de ello a la representación legal de las personas trabajadoras y previa comunicación a la entidad gestora de las prestaciones sociales y, conforme a los plazos establecidos reglamentariamente, a la Tesorería General de la Seguridad Social, a través de los procedimientos automatizados que establezcan dichas entidades [art. 47.7.c) del ET].

Desarrollo de acciones formativas

Las empresas que desarrollen las acciones formativas (D.A. 25.ª del ET), a favor de las personas afectadas por el expediente de regulación temporal de empleo, tendrán derecho a un incremento de crédito para la financiación de acciones en el ámbito de la formación programada, en los términos previstos en el art. 9.7 de la Ley 30/2015, de 9 de septiembre, por la que se regula el Sistema de Formación Profesional para el empleo en el ámbito laboral [art. 47.7.d) del ET].

Desempleo

Las personas trabajadoras percibirán una prestación por desempleo tras la pérdida involuntaria, definitiva o temporal de un empleo, o tras la reducción de la jornada diaria de trabajo por encontrarse en situación legal de desempleo, previo en el correspondiente procedimiento de ERE o ERTE.

> **A TENER EN CUENTA.** El art. 267.b) y c) de la LGSS regula la situación legal de desempleo asociada a la suspensión del contrato o reducción de jornada por ERTE.

Cotización a la Seguridad Social

En los supuestos de suspensión temporal del contrato de trabajo al amparo de los arts. 47 o 47 bis del ET, o en virtud de resolución judicial adoptada en el seno de un procedimiento concursal, la empresa está obligada al ingreso de las cuotas correspondientes a la aportación empresarial (art. 153 bis de la LGSS).

En caso de causar derecho a la prestación por desempleo, corresponde a la entidad gestora el ingreso de la aportación del trabajador (art. 273.2 de la LGSS).

En estos supuestos, las bases de cotización a la Seguridad Social para el cálculo de la aportación empresarial por contingencias comunes y por contingencias profesionales, estarán constituidas por el promedio de las bases de cotización en la empresa afectada correspondientes a dichas contingencias de los seis meses naturales inmediatamente anteriores al mes anterior al del inicio de cada situación de reducción de jornada o suspensión del contrato. Para el cálculo de dicho promedio, se tendrá en cuenta el número de días en situación de alta, en la empresa de que se trate, durante el período de los seis meses indicados. Las bases de cotización calculadas conforme a lo indicado anteriormente se reducirán, en los supuestos de reducción temporal de jornada, en función de la jornada de trabajo no realizada.

> **A TENER EN CUENTA.** Durante los períodos de suspensión temporal de contrato de trabajo y de reducción temporal de jornada, respecto de la jornada de trabajo no realizada, no resultarán de aplicación las normas de cotización correspondientes a las situaciones de incapacidad temporal, descanso por nacimiento y cuidado de menor, y riesgo durante el embarazo y la lactancia natural

Durante la aplicación del ERTE ETOP (art. 47 del ET), las empresas podrán acogerse voluntariamente, siempre y cuando concurran las condiciones y requisitos incluidos en la D.A 44.ª de la LGSS, a las exenciones en la cotización a la Seguridad Social sobre la aportación empresarial por contingencias comunes y por conceptos de recaudación conjunta (art. 153.bis de la LGSS). El ERTE ETOP contará con una exención del 20 % [si la empresa desarrolla acciones formativas (D.A. 25.ª del ET)]. [Art. 47 del ET y letra a) del apartado 1 de la D.A. 44.ª de la LGSS].

Es este punto hay que concretar:

- Estas exenciones resultarán de aplicación exclusivamente en el caso de que las empresas desarrollen las acciones formativas a las que se refiere la D.A 25.ª de Estatuto de los Trabajadores.

- El art. 4.ª del Real Decreto-ley 32/2021, de 28 de diciembre, modifica la Ley 30/2015, de 9 de septiembre, por la que se regula el Sistema de Formación Profesional para el empleo en el ámbito laboral, incrementando del crédito disponible para las empresas para la financiación de acciones en el ámbito de la acción programada (art. 9.7 de la Ley 30/2015, de 9 de septiembre).

- Las exenciones en la cotización estarán condicionadas al mantenimiento en el empleo de las personas trabajadoras afectadas durante los seis meses siguientes a la finalización del periodo de vigencia del expediente de regulación temporal de empleo (D.A. 44.ª 10 de la LGSS).

Selección de personas trabajadoras afectadas por el ERTE ETOP

El ordenamiento jurídico español no regula los criterios de selección que puedan tenerse en cuenta por el empresario para determinar aquellos trabajadores que van a resultar afectados por un despido colectivo ERE o ERTE. Únicamente establece un derecho a permanecer en la empresa de forma preferente en el marco de un expediente de regulación de empleo o despido colectivo para los representantes legales de los trabajadores, trabajadores integrantes de los servicios de prevención y delegados de prevención y de otros colectivos si se hubiera pactado en convenio colectivo.

|| Trabajadores con prioridad de permanencia en la empresa

La garantía regulada en el apdo. b) del art. 68 del Estatuto de los Trabajadores concede prioridad de permanencia en la empresa o centro de trabajo respecto de los demás trabajadores, en los supuestos de suspensión o extinción por causas económicas, técnicas, organizativas o de producción a los **miembros del comité de empresa y los delegados de personal, como representantes legales de los trabajadores, al igual que a los delegados de prevención** (art. 37 de la LPRL). El art. 13 del Real Decreto 1483/2012, de 29 de octubre, por su parte, establece que tendrán prioridad de permanencia en la empresa, respecto de los demás trabajadores afectados por el procedimiento de despido colectivo, los siguientes:

– Los representantes legales de los trabajadores.

– Los trabajadores pertenecientes a otros colectivos cuando así se hubiera pactado en convenio colectivo o en el acuerdo alcanzado durante el periodo de consultas, tales como trabajadores con cargas familiares, mayores de determinada edad o personas con discapacidad.

La empresa deberá justificar en la decisión final de despido colectivo a que se refiere el art. 12 del Real Decreto 1483/2012, de 29 de octubre, la afectación de los trabajadores con prioridad de permanencia en la empresa, siempre teniendo en cuenta, tal como declara la **STSJ de Madrid n.º 404/2019, de 5 de abril, ECLI:ES:TSJM:2019:3180**, que:

> «(...) la condición de representante de los trabajadores y el derecho del art. 68.b) ET relativo de prioridad de permanencia en la empresa o centro de trabajo respecto de los demás trabajadores, en los supuestos de suspensión o extinción por causas tecnológicas o económicas, no es un privilegio, sino que tiene un carácter instrumental de protección del representante frente a determinadas decisiones empresariales que pudieran perjudicarle, reforzando sus garantías de independencia y desempeño de las funciones representativas, evitando que la representación sufra restricciones que puedan resultar evitables».

Es decir, **no se trata de una prioridad absoluta *erga omnes* frente a todos los trabajadores de la empresa cualquiera que sea su cualificación, sino únicamente de una preferencia de conservación del empleo relativa que puede hacerse efectiva frente al resto de trabajadores del mismo grupo o categoría profesional.**

CUESTIONES

En caso de un ERE extintivo, si no hemos respetado la prioridad de permanencia en la empresa del representante de los trabajadores, ¿el despido será nulo?

Sí. No obstante, la nulidad solo afectará al despido del representante legal que ha incumplido los términos de permanencia en la empresa pactados o establecidos en el ET, el resto de los despidos dentro del ERE extintivo no serán considerados nulos.

En caso de ERTE de suspensión, ¿existe prioridad de desafectación para los representantes de los trabajadores?

A pesar de que los arts. 47.5 y 51.7 del ET y 13 del Real Decreto 1483/2012, de 29 de octubre, así como del art. 10.2 de la LOLS, no hacen referencia a esto, interpretando estos preceptos, la STSJ de las Is. Baleares n.º 605/2023, de 20 de noviembre de 2023, ECLI:ES:TSJBAL:2023:1561, ha entendido que sí.

RESOLUCIONES RELEVANTES

STC n.º 66/2015, de 13 abril, ECLI:ES:TC:2015:66

Utilizar el criterio de edad para realizar un despido colectivo puede no vulnerar el derecho a la no discriminación cuando se cumplen rigurosas exigencias de justificación y proporcionalidad, compensando el sacrificio personal y económico impuesto a los trabajadores, de modo que no suponga una lesión desproporcionada en relación con los fines que persigue la medida adoptada.

STSJ de Comunidad Valenciana n.º 2592/2015, de 14 de diciembre, ECLI:ES:TSJCV:2015:6815

La prioridad de permanencia en la empresa de los representantes de los trabajadores constituye una limitación al poder de dirección y organización del empresario, en su concreto aspecto de selección de los trabajadores afectados por su decisión por causa en argumentos económicos. Esta garantía consistente en la prioridad de permanencia en la empresa ha de considerarse que alcanza a la RLT, no solo por estar en el ejercicio de funciones representativas, sino, igualmente, por encontrarse dentro del plazo del año siguiente a la expiración de su mandato.

SJS de Burgos n.º 95/2020, de 1 de junio, ECLI:ES:JSO:2020:2097

Tras quedar constatados los efectos del Real Decreto 463/2020, de 14 de marzo, que supusieron el cese forzoso de muchos negocios y empresas, así como el cierre temporal de fronteras terrestres, aéreas y marítimas, restricciones de movilidad de personas y restricciones en el sector de transporte, afectando a la operaciones de la empresa demandada, el JS entiende que «(...) se considere justificada la decisión empresarial de adopción de la medida de suspensión temporal de contratos de trabajo objeto de impugnación (**ERTE causas ETOP COVID-19**), habiéndose visto agravada la situación existente en la empresa con el paro de actividad generado por el COVID-19 en los términos expresados, **no existiendo ningún motivo que pueda implicar la existencia de discriminación en la elección de los trabajadores afectados, incluyendo a los representantes de los trabajadores, pues dicha elección, que es facultad empresarial, viene motivada por las necesidades productivas afectadas, no concurriendo ninguna circunstancia que permita declarar la nulidad de la medida adoptada**».

|| Garantía de permanencia en la empresa

El ordenamiento jurídico español no regula los criterios de selección que puedan tenerse en cuenta por el empresario para determinar aquellos trabajadores que van a resultar afectados por un despido colectivo, limitándose, únicamente, a establecer un derecho a permanecer en la empresa de forma preferente en el marco de un expediente de regulación de empleo o despido colectivo para los **representantes legales de los trabajadores** [arts. 51.7 y 68.b) del ET] y para los **trabajadores integrantes de los servicios de prevención y delegados de prevención** (arts. 30 y 37 de la LPRL).

Más allá de estos dos colectivos de trabajadores, el legislador no ha tenido en cuenta otras condiciones subjetivas —individuales y familiares— de los trabajadores a la hora de determinar aquellos que pudieran resultar afectados por una decisión extintiva. Como se ha dicho, el empresario no goza de una libertad absoluta de elección de los trabajadores que han de ser despedidos, sino que esta se encuentra limitada por aspectos como:

- Los **representantes legales de los trabajadores**. Conforme a lo establecido en el apdo. 7 del art. 51 del ET y apdo. b) del art. 68 del ET, el apdo. 3 del art. 10 de la LOLS y el convenio de la OIT n.º 135, relativo a la protección y facilidades que deben otorgarse a los representantes de los trabajadores en la empresa, los representantes legales de los trabajadores tendrán prioridad de permanencia en la empresa respecto de los demás trabajadores afectados por el expediente de regulación de empleo, el art. 13 del Reglamento de los procedimientos de despido colectivo y de suspensión de contratos y reducción de jornada (Real Decreto 1483/2012, de 29 de octubre). La empresa deberá justificar en el procedimiento de regulación de empleo la afectación de los representantes legales de los trabajadores o de cualquier otro trabajador a los que una norma con rango legal o un convenio colectivo pueda otorgar este derecho (**STSJ de Castilla y León, rec. 1/2012, de 4 de febrero de 2013, ECLI:ES:TSJCL:2013:631**).

- Los **delegados sindicales**. En el supuesto de que no formen parte del comité de empresa, tendrán las mismas garantías que las establecidas legalmente para los miembros de los comités de empresa o de los órganos de representación que se establezcan en las Administraciones públicas (apdo. 3 del art. 10 de la LOLS). (STS, rec. 564/2007, de 21 de diciembre de 2007, ECLI:ES:TS:2007:8882).

- Los **delegados de prevención**. En su condición de representantes de los trabajadores, tendrán prioridad de permanencia en la empresa o centro de trabajo respecto de los demás trabajadores, en los supuestos de suspensión o extinción por causas tecnológicas o económicas (art. 37.1 de la LPRL). (**STS, rec. 2637/2007, de 3 de noviembre de 2008, ECLI:ES:TS:2008:6575**).

- Los **trabajadores designados por el empresario para ocuparse de tareas de prevención y a los miembros del servicio de prevención**. Quienes gozarán del mismo derecho de prioridad de permanencia (art. 30 de la LPRL).

El incumplimiento por el empresario de los criterios de selección pactados durante el periodo de consultas es determinante de la nulidad o la improcedencia del despido. (**STS n.º 512/2017, de 14 de junio, ECLI:ES:TS:2017:2422**). La nulidad del despido contemplada en la ley está reservada a los supuestos de prioridad de permanencia (art. 13 del Real Decreto 1483/2012, de 29 de octubre).

CUESTIONES

1. ¿Frente a qué trabajadores resulta operativa la permanencia en la empresa de los representantes de los trabajadores?

Como en otras ocasiones, ha correspondido a los tribunales delimitar frente a qué trabajadores resulta operativa la permanencia en la empresa de los representantes de los trabajadores (STC n.º 191/1996, de 26 de noviembre, ECLI:ES:TC:1996:191; STS, rec. 7034/1998, de 6 de mayo de 2003, ECLI:ES:TS:2003:3055; y STS, rec. 3687/2001, de 4 de mayo de 2004, ECLI:ES:TS:2004:2981, entre otras):

– La garantía de prioridad de permanencia de los representantes legales de los trabajadores no se puede considerar como un derecho de permanencia absoluta en el puesto de trabajo frente a cualquier otro trabajador de cualquier grupo o categoría.

– El derecho se hará efectivo sobre trabajadores de su mismo grupo profesional o que realicen la misma o similar función o tarea).

– El citado derecho a preferencia obliga a la empresa a acreditar en el expediente de regulación la concurrencia de razones organizativas o productivas de entidad que justifiquen la exclusión de aquel derecho y a la Administración a ponderarlas expresamente en el momento de resolver, pues, en otro caso, ha de entenderse que prima la garantía legalmente establecida.

2. ¿Qué diferencia existe entre la prioridad y la garantía de permanencia?

La prioridad de permanencia se ejercita mientras el representante está en activo, como tal, mientras que la garantía de permanencia extiende sus efectos a las decisiones empresariales tomadas, incluso, durante el año posterior a su cese en las funciones representativas.

Aunque ambas tratan de garantizar la independencia del representante de los trabajadores en el desempeño de sus funciones, la primera se concede frente a los despidos o extinciones contractuales fundadas en causas objetivas, mientras que la segunda se da frente a los despidos por causas subjetivas, frente a los despidos y sanciones disciplinarias motivadas por actos del despedido.

A tenor de la STS, rec. 1636/2012, de 16 de septiembre de 2013, ECLI:ES:TS:2013:4779, la garantía de permanencia en los despidos objetivos no subsiste durante el año posterior al cese de la representación, es decir, la prioridad de permanencia en despidos por causas económicas obra solo para los representantes en activo.

RESOLUCIÓN RELEVANTE

SAN n.º 119/2013, de 12 de junio, ECLI:ES:AN:2013:2467

«(...) el art. 13 del RD 1483/2012 de 29 de octubre dispone —a tenor de lo establecido en el art. 51.5 y 68.6 del ET y el art. 10.3 de la LOLS— que los representantes de los trabajadores tendrán prioridad de permanencia en la empresa respecto de los demás trabajadores afectados por el procedimiento de despido colectivo. El derecho citado no es un privilegio sino una garantía de los representantes de los trabajadores que les permite, por una parte, negociar el despido colectivo sin la presión añadida de estar afectados y por otra parte, asegura que los trabajadores que permanecen en la empresa después del despido colectivo, mantienen a sus representantes, quienes le garantizan consecuentemente su protección».

Libertad empresarial para la selección de los trabajadores cuyos contratos van a ser extinguidos

La sentencia del Tribunal Supremo, rec. 1681/2014, de 24 de noviembre de 2015, ECLI:ES:TS:2015:5835, señala que:

> «(...) la STS, rec. 1460/1997, de 19 de enero de 1998 (...) textualmente proclama que "la selección de los trabajadores afectados corresponde en principio al empresario y su decisión solo será revisable por los órganos judiciales cuando resulte apreciable fraude de ley o abuso de derecho o cuando la selección se realice por móviles discriminatorios". De la misma manera, y con cita de la sentencia anterior, la STS de 15 de octubre de 2003 (rec. 1205/2003) señaló que "La valoración de estas circunstancias concretas de la vida de la empresa corresponde en principio al empresario, desbordando normalmente el ámbito del control judicial en el despido objetivo, ya que este es un control de legalidad de los concretos despidos enjuiciados, limitado a juzgar sobre la razonabilidad del mismo aplicando el estándar de conducta del buen empresario (STS, rec. 3099/1995, de 14 de junio de 1996), y no puede convertirse en una valoración global o conjunta de la política de personal de la empresa (...). Lo que tiene que acreditar el empresario en el despido económico se limita, por tanto, en principio, a que la "actualización de la causa económica afecta al puesto de trabajo" amortizado. Únicamente si se acusa un panorama discriminatorio, o si se prueba por parte de quien lo alega fraude de ley o abuso de derecho, cabe extender el control judicial más allá del juicio de razonabilidad del acto o actos de despido sometidos a su conocimiento"».

Con carácter general, **debe admitirse cierta libertad decisoria por parte de la empresa al seleccionar trabajadores afectados por el despido colectivo**, en cuanto que no es sino otra manifestación más del poder de dirección y organización que corresponde al empresario. Pero, a su vez, el ejercicio de tal poder de dirección se encuentra sujeto a límites que establece de forma expresa el ordenamiento jurídico laboral, como es la exigencia de que la decisión de la empresa respete, en todo caso, los derechos fundamentales y libertades públicas de los trabajadores de la plantilla, incluyendo la prohibición de trato discriminatorio.

En este sentido, se ha podido mantener que la decisión de la empresa en la selección de los trabajadores **debe fundamentarse en criterios de razonabilidad y ser coherentes con los fines buscados,** no pudiéndose admitir una designación que sea caprichosa o arbitraria (STSJ de Navarra n.° 285/1996, de 31 de mayo de 1996, ECLI:ES:TSJNA:1996:798). Además, y en todo caso, la propia decisión empresarial de seleccionar a los trabajadores afectados por el despido se encuentra sometida a lo que podemos denominar límites generales aplicables al ejercicio de cualquier derecho, como es la ausencia de fraude de ley y de abuso de derecho.

Sobre el control de los criterios de selección de los trabajadores afectados podemos decir:

– A modo judicial, con carácter general, queda reducido a aquellos casos en los que las personas trabajadoras afectadas aporten indicios de la **concurrencia de discriminación o vulneración de cualquier derecho fundamental o de la concurrencia de arbitrariedad empresarial, fraude de ley o abuso de derecho** —con la correlativa inversión de la carga de la prueba—, o a los casos en que no se han respetado las preferencias de permanencia en la empresa.

– Los jueces de lo social contarán con un informe de la inspección, donde el organismo se pronunciará, además de los extremos de la comunicación y el desarrollo del periodo de consultas, sobre la concurrencia de las causas especificadas por la empresa en la comunicación inicial, y constatará que la documentación presentada por esta se ajusta a la exigida en función de la causa concreta alegada para despedir. Nada dice la norma sobre el criterio de selección, pero entendemos este informe como una posibilidad de advertir cualquier tipo de incidencia sobre este aspecto (art. 51.2 del ET). (Como ejemplo del contenido de un informe de la ITSS —en este caso sobre un ERTE—; STS n.º 168/2022, de 22 de febrero de 2022, ECLI:ES:TS:2022:794).

RESOLUCIONES RELEVANTES

SAN n.º 52/2020, de 17 de julio, ECLI:ES:AN:2020:2082

Se descarta la posible existencia de una conducta discriminatoria a la hora de seleccionar a las personas trabajadoras afectadas por ERTE por causas productivas y organizativas COVID-19 dado el elevado número trabajadores en situación de incapacidad temporal introducidos en la suspensión temporal de empleo. «(...) no **ha quedado acreditado que la incapacidad temporal fuera uno de los criterios de afectación de los trabajadores al ERTE**: no solo así se respondió en el periodo de consultas a CGT cuando lo preguntó en la sesión de 8 de abril, sino que se negó de manera rotunda por el testigo que depuso en el acto del juicio y que intervino en nombre de la empresa en la negociación del expediente (si bien es cierto que el letrado TUSI trató de cuestionar la imparcialidad del testigo en base al artículo 93.2 de la Ley Reguladora de la Jurisdicción Social, precepto que se refiere a la intervención del médico forense; ha de recordar la sala que resulta perfectamente admisible la intervención como testigo de personas vinculadas al empresario, trabajador o beneficiario, por relación de parentesco o análoga relación de afectividad, o con posible interés real en la defensa de decisiones empresariales en las que hayan participado o por poder tener procedimientos análogos contra el mismo empresario o contra trabajadores en igual situación, siempre que su testimonio tenga utilidad directa y presencial y no se disponga de otros medios de prueba, con la advertencia a los mismos, en todo caso, de que dichas circunstancias no serán impedimento para las responsabilidades que de su declaración pudieren derivarse, tal y como previene el artículo 92.2 de la norma adjetiva laboral; extremo aquí concurrente por cuanto se trata precisamente de quien participó directamente en la fase negociadora de cuyo contenido se discrepa)».

STS, rec. 1312/2012, de 14 de mayo de 2013, ECLI:ES:TS:2013:2901

Recae sobre el trabajador la carga de la prueba de la arbitrariedad o abuso de derecho en la selección, sin que al despido colectivo le sean aplicadas las exigencias formales del art. 53 del ET.

STSJ de Navarra n.º 158/2014, de 29 de mayo, ECLI:ES:TSJNA:2014:278

Si los trabajadores no han discutido los criterios de selección propuestos, no tiene sentido su posterior impugnación en vía judicial.

Adhesión voluntaria a extinción indemnizada por despido colectivo

La aceptación o denegación de las bajas voluntarias compete exclusivamente a la empresa, quien debe, eso sí, motivar las causas de denegación en las correspondientes comunicaciones individuales. En este sentido, la **STS, rec. 223/2014, de 8 de julio de 2015, ECLI:ES:TS:2015:3493**, resulta particularmente didáctica al transcribir los criterios de designación de las personas afectadas por el ERE extintivo.

Del mismo modo, la adhesión voluntaria a un plan de prejubilación en el seno de un ERE no impedirá el acceso a la prestación de desempleo (**STSJ de Andalucía n.º 532/2019, de 27 de febrero, ECLI:ES:TSJAND:2019:979**).

En relación a estas cuestiones, declaraba la **STS, rec. 4453/2004, de 24 de octubre del 2006, ECLI:ES:TS:2006:6920**, lo siguiente:

> «Con independencia de que hubiera en el marco del ERE un acuerdo sobre prejubilaciones, lo cierto es que el cese del actor está dentro de las extinciones autorizadas en el expediente. Por ello, el contrato no se ha extinguido por la libre voluntad del trabajador que decide poner fin a la relación. Por el contrario, el contrato se ha extinguido por una causa por completo independiente de la voluntad del trabajador; en concreto, por una causa económica, técnica, organizativa o productiva, que ha sido constatada por la Administración y que ha determinado un despido colectivo autorizado [...]. Es cierto que la opción por la prejubilación ha sido voluntaria, pero eso no significa que el cese lo sea. En el régimen actual de los despidos colectivos se viene admitiendo una práctica administrativa, en virtud de la cual los trabajadores afectados por un despido colectivo pueden determinarse: 1.º) de forma directa y nominal en la propia resolución administrativa, 2.º) por el empresario sin una aceptación previa de la designación por el trabajador y 3.º) por el empresario con una aceptación previa del trabajador, que se acoge así a determinadas contrapartidas previstas en el plan social. En cualquiera de estos casos el cese es involuntario para el trabajador. Esta conclusión es obvia en los primeros supuestos, pues la voluntad del trabajador no interviene de ninguna forma en el cese. Pero tampoco hay voluntariedad en el tercer supuesto, porque el cese sigue produciéndose como consecuencia de una causa independiente de la voluntad del trabajador y lo único que sucede es que la concreción de esa causa sobre uno de los trabajadores afectados se realiza teniendo en cuenta la voluntad de estos. Puede haber voluntariedad en la fase de selección de los afectados, pero no la hay en la causa que determina el cese. Si el actor no hubiese aceptado la prejubilación, el mismo u otro trabajador hubiera tenido que cesar para completar el número de extinciones autorizadas. [...]. Por ello, no cabe confundir la cuestión que aquí se resuelve con la que esta sala resolvió en relación con los acuerdos de prejubilación de Telefónica, SA, (sentencias de 12 de julio de 2004, 4 de julio de 2006 y las que en ellas se citan), pues en ese caso los ceses y el acceso a la prejubilación se produjeron por mutuo acuerdo; no por expediente de regulación de empleo».

Fraude para la obtención indebida de las prestaciones

La decisión empresarial podrá ser impugnada por la autoridad laboral a petición de la entidad gestora de la prestación por desempleo cuando aquella pudiera tener por objeto la obtención indebida de las prestaciones por parte de las personas trabajadoras, por inexistencia de la causa motivadora de la situación legal de desempleo.

Reclamación por parte de la persona trabajadora

Contra las decisiones adoptadas por la empresa podrá reclamar la persona trabajadora ante la jurisdicción social que declarará la medida justificada o injustificada. En este último caso, la sentencia declarará la inmediata reanudación del contrato de trabajo y condenará a la empresa al pago de los salarios dejados de percibir por la persona trabajadora hasta la fecha de la reanudación del contrato o, en su caso, al abono de las diferencias que procedan respecto del importe recibido en concepto de prestaciones por desempleo durante el periodo de suspensión, sin perjuicio del reintegro que proceda realizar por el empresario del importe de dichas prestaciones a la entidad gestora del pago de las mismas, así como del ingreso de las diferencias de cotización a la Seguridad Social.

Cuando la decisión empresarial afecte a un número de personas igual o superior a los umbrales previstos en el artículo 51.1 del ET se podrá reclamar en conflicto colectivo, sin perjuicio de la acción individual. La interposición del conflicto colectivo paralizará la tramitación de las acciones individuales iniciadas, hasta su resolución.

2.1.2. Fuerza mayor temporal (ERTE Fuerza Mayor)

El apdo. 1. i) del art. 45 del ET establece entre las causas de suspensión del contrato de trabajo la «fuerza mayor temporal». Complementando lo anterior, los arts. 47.5 —que remite al 51.7— del ET y 31-33 del Real Decreto 1483/2012, de 29 de octubre, por el que se aprueba el Reglamento de los procedimientos de despido colectivo y de suspensión de contratos y reducción de jornada, especifican para la existencia de fuerza mayor «clásica», como causa motivadora de la suspensión de los contratos de trabajo (o de la reducción de jornada):

– La necesaria autorización de la autoridad laboral competente, previa tramitación del expediente oportuno, cualquiera que sea el número de trabajadores afectados. En caso contrario, la interrupción indebida de la prestación servicial por decisión del empresario no afecta a la percepción del salario.

– El procedimiento se iniciará mediante solicitud de la empresa dirigida a la autoridad laboral competente (la autoridad laboral competente se determinará conforme a lo establecido en el art. 25 del ET), acompañada de los medios de prueba que estime necesarios, y simultánea comunicación a los representantes legales de los trabajadores.

En base a lo anterior, **la fuerza mayor puede actuar como causa de suspensión de los contratos de trabajo [arts. 45.1.i) y 47.5 del ET]**, siempre que sea «temporal», es decir, con efectos pasajeros o presumiblemente pasajeros sobre la actividad de la empresa y las correspondientes prestaciones de trabajo.

A TENER EN CUENTA. La fuerza mayor suele entenderse en el contexto de las relaciones de trabajo como hecho o acontecimiento involuntario, imprevisible o inevitable, externo al círculo del empresario que imposibilita la actividad laboral (STS de 7 de marzo de 1995, ECLI:ES:TS:1995:9375, y STS 10 de febrero de 1997, rec. 5367/1991, ECLI:ES:TS:1997:829).

La normativa reguladora a tener en cuenta será:

- Arts. 47 (apdos. 5, 6 y 7), 51.7 y D.A. 25.ª del ET.
- Arts. 31-33 del Real Decreto 1483/2012, de 29 de octubre.
- Art. 153 bis y DD.AA. 41.ª y 44.ª de la LGSS.

CUESTIÓN

¿Qué novedades supuso la reforma laboral de 2021-2022 al ERTE fuerza mayor?

- Se añade una regulación permanente para los ERTE por impedimentos o limitaciones en la actividad normalizada de la empresa que sean consecuencia de decisiones adoptadas por la autoridad pública competente, incluidas aquellas orientadas a la protección de la salud pública.
- Se fijan una serie de normas comunes aplicables a los expedientes de regulación temporal de empleo por causas económicas, técnicas, organizativas y de producción, y a los que estén basados en una causa de fuerza mayor temporal: comunicación de la medida, posibilidad de afectar o desafectar, prohibición de la realización de horas extraordinarias, externalizaciones de actividad o nuevas contrataciones laborales, salvaguarda de empleo en caso de disfrute de exoneraciones en la cotización, etc.
- Se regula la cotización en los supuestos de reducción de jornada o suspensión de contrato (art. 153 bis de la LGSS).
- Se establecen exoneraciones en la cotización según el tipo de ERTE sujetas a los requisitos regulados en la D.A. 41.ª de la LGSS. Las exenciones en la cotización estarán condicionadas al mantenimiento en el empleo de las personas trabajadoras afectadas durante los seis meses siguientes a la finalización del periodo de vigencia del expediente de regulación temporal de empleo.

JURISPRUDENCIA

STS n.º 969/2018, de 20 de noviembre de 2018, ECLI:ES:TS:2018:4241

«La fuerza mayor equivale, desde luego, a un acontecimiento externo al círculo de la empresa, absolutamente independiente de la voluntad de esta que sea imprevisible o, siendo previsible, sea inevitable».

«(...) Ha de entenderse por fuerza mayor, y, por ende, por "situación extraordinaria", un acontecimiento externo al círculo de la empresa, absolutamente independiente de la voluntad de esta que sea imprevisible o, siendo previsible, sea inevitable, requisitos estos, que no concurren en el presente caso».

STS rec. 1969/1997, de 22 de diciembre de 1997, ECLI:ES:TS:1997:7939

No existe en nuestro derecho una definición de la fuerza mayor que la distinga del caso fortuito, puesto que el art. 1105 del Código Civil establece una regulación omnicomprensiva de ambos supuestos, en la que se exige que estemos en presencia de sucesos que no hubieran podido preverse o que previstos fueran inevitables. La distinción, continúa esta sentencia, es de origen doctrinal y judicial, poniendo su acento bien en la imprevisión e inevitabilidad, fuerza mayor, o en la previsión y evitabilidad, caso fortuito, o por el contrario en que el acaecimiento se origine fuera de la empresa o círculo del deudor, fuerza mayor, o en el ámbito interno, caso fortuito. Pero esta distinción no puede obviar los requisitos que se derivan de la definición del art. 1105 del Código Civil, y, por ello, se pueden contraponer al caso fortuito los hechos que no se puedan incardinar, por no poder preverse en el curso normal de la vida, en la forma ordinaria de producirse la cosas o los acontecimientos.

STS, rec. 1857/2007 de 08 de julio de 2008, ECLI:ES:TS:2018:4241

«En realidad, la fuerza mayor se configura en nuestro derecho, en el marco de la regulación de los efectos del incumplimiento del contrato (artículo 1105 del Código Civil en relación con los artículos 1101, 1102, 1103 y 1104 del mismo texto legal) como un criterio de imputación (fuerza mayor y caso fortuito frente a culpa y dolo). Aquí, sin embargo, no opera la fuerza mayor dentro del enjuiciamiento de un incumplimiento contractual, sino en la apreciación sobre la existencia de una causa de extinción del contrato de trabajo, en la que ese elemento debe valorarse a efectos de determinar la norma aplicable. En este sentido, y como muestran los antecedentes de la regulación actual —en concreto el artículo 76.6.° LCT y el artículo 20 de la LRL—, lo que hay que determinar es si concurren los dos elementos que configuran el supuesto extintivo específico de los artículos 49.h) y 51.12 del Estatuto de los Trabajadores: la imposibilidad definitiva de la prestación de trabajo y el carácter de fuerza mayor de la acción que la determina. La pérdida del uso del local en el que se desarrolla el negocio hace imposible la prestación en él del trabajo al menos hasta que no se disponga de otro. Pero el acontecimiento que lo determina —la extinción del contrato de arrendamiento— no puede calificarse en las condiciones del caso como un supuesto de fuerza mayor, que, según la doctrina de la sala primera de este tribunal, debe entender como "en una fuerza superior a todo control y previsión", ponderándose a efectos de su concurrencia "la normal y razonable previsión que las circunstancias exijan adoptar en cada supuesto concreto" (sentencias de 20 de julio de 2000 y 18 de diciembre de 2006). De esta forma, la fuerza mayor, a los efectos de los artículos 49.h) y 51.12 del Estatuto de los Trabajadores, ha de entenderse como la actuación de causa extraña al empresario, es decir, como la acción de elementos exteriores que quedan fuera de su esfera de control y en este sentido tiene interés el artículo 76 de la LCE, que vinculaba la fuerza mayor con fenómenos como el incendio, la inundación, el terremoto, la explosión, las plagas del campo, la guerra, el tumulto y las sediciones, aparte de la fórmula general que hace referencia a los acontecimientos de carácter extraordinario que "no hayan podido preverse o que, previstos, no se hayan podido evitar"».

STS, rec. 4/2012 de 22 de julio de 2015, ECLI:ES:TS:2015:3986

«(...) la sentencia del Tribunal Supremo del 3 de noviembre de 1988, que se menciona en la del 3 de octubre de 1994, se refiere al suceso que está fuera del círculo de actuación del obligado, o como señalan las sentencias del 2 de febrero de 1980, 4-3-1981, 25 de junio de 1982 y 3 de noviembre de 1988, la fuerza mayor se constituye por "aquellos hechos que aun siendo previsibles, sean sin embargo inevitables, insuperables e irresistibles, siempre que la causa que los motiva sea independiente y extraña a la voluntad del sujeto obligado" o como señalan las sentencias del 7 de junio y 28 de septiembre de 1988 y 10 de noviembre del mismo año "la fuerza mayor se

caracteriza por dimanar de sucesos imprevistos e inevitables que rebasan los tenidos en cuenta en el curso normal de la vida y extraños al desenvolvimiento ordinario de un proceso industrial" o como dice la citada del 3 de noviembre de 1988, en aplicación concreta al caso litigioso, el suceso "no tuvo una causa externa o ajena al funcionamiento del servicio" y la sentencia de la sala III de este tribunal de 29 de junio de 1998 (recurso 4505/1992), dictada sobre exoneración de la cotización a la Seguridad Social como consecuencia de la suspensión de contratos de trabajo, señalaba que, "Resulta de aplicación al supuesto que nos ocupa la sentencia de esta sala de 7 de marzo de 1995, que define la fuerza mayor como un acontecimiento externo al círculo de la empresa y del todo independiente de la voluntad del empresario, que a la vez sea imprevisible. En el mismo sentido la sentencia de 16 de mayo de 1995, según la cual la fuerza mayor es un concepto jurídico indeterminado que comprende no solamente las causas a que se refería el art. 76.6 de la Ley de 26 de enero de 1944 del Contrato de Trabajo, sino a cualquier otra que dimane de un hecho externo ajeno a la esfera de actividad del empresario, doctrina acorde con la naturaleza de la fuerza mayor que en cada caso debe ser estimada o no, y que comporta que el hecho determinante del incumplimiento de una obligación, aunque pudiera preverse, resulte inevitable"».

Posibilidades

– Reducir temporalmente la jornada de trabajo de las personas trabajadoras (entre un 10 % y un 70 %).

– Suspender temporalmente los contratos de trabajo.

En la medida en que ello sea viable, se priorizará la adopción de medidas de reducción de jornada frente a las de suspensión de contratos.

Causas

– Fuerza mayor temporal.

– Fuerza mayor temporal derivada de **impedimentos o limitaciones** en la actividad normalizada de la empresa que sean consecuencia de decisiones adoptadas por la autoridad pública competente, incluidas aquellas orientadas a la protección de la salud pública.

Iniciación e instrucción del procedimiento de ERTE por fuerza mayor con carácter general

El procedimiento es el establecido en los artículos 47.5 (que remite al 51.7) del Estatuto de los Trabajadores y en los artículos 31 a 33 del Real Decreto 1483/2012, de 29 de octubre, por el que se aprueba el Reglamento de los procedimientos de despido colectivo y de suspensión de contratos y reducción de jornada, debiendo ser autorizado por la autoridad laboral, que deberá constatar la causa alegada, previo informe potestativo de la Inspección de Trabajo y Seguridad Social.

El procedimiento se iniciará mediante solicitud de la empresa dirigida a la autoridad laboral competente, acompañada de los medios de prueba que estime necesarios, y simultánea comunicación a la representación legal de las personas trabajadoras.

A la solicitud se adjuntará:

- Datos específicos de los trabajadores y centros afectados.
- Memoria explicativa de las causas.
- Medios de prueba para acreditar las causas de fuerza mayor.

Atendiendo a la regulación del art. 33 del Real Decreto 1483/2012, de 29 de octubre:

1. La autoridad laboral competente recabará, con carácter preceptivo, informe de la Inspección de Trabajo y Seguridad Social y realizará o solicitará cuantas otras actuaciones o informes considere indispensables, dictando resolución en el plazo máximo de cinco días a contar desde la fecha de entrada de la solicitud en el registro del órgano competente para su tramitación.

2. En el caso de que figuren en el procedimiento y puedan ser tenidos en cuenta en la resolución otros hechos, alegaciones y pruebas distintos de los aportados por la empresa en su solicitud, se dará a esta y a los representantes legales de los trabajadores el oportuno trámite de audiencia, que deberá realizarse en el término de un día.

3. La resolución de la autoridad laboral deberá limitarse, en su caso, a constatar la existencia de la fuerza mayor alegada por la empresa, correspondiendo a esta la decisión sobre la extinción de los contratos o la aplicación de medidas de suspensión de los contratos o reducción de jornada, que surtirán efectos desde la fecha del hecho causante de la fuerza mayor. La empresa deberá dar traslado de dicha decisión a los representantes de los trabajadores y a la autoridad laboral.

4. En el supuesto de que, instruido el procedimiento, no se haya constatado la existencia de la fuerza mayor alegada, se podrá iniciar el oportuno procedimiento de suspensión de contratos o reducción de jornada, de acuerdo con lo establecido en los casos de regulación de empleo para la extinción del contrato por causas económicas, técnicas, organizativas o de producción. Del mismo modo, la resolución de la autoridad laboral que no haya constatado la existencia de fuerza mayor por la empresa podrá ser impugnada por el empresario ante la jurisdicción social.

A TENER EN CUENTA. Los trabajadores podrán impugnar la decisión empresarial sobre la extinción de contratos o las medidas de suspensión de contratos o reducción de jornada en los términos establecidos en los arts. 15 y 24 del Real Decreto 1483/2012, de 29 de octubre.

JURISPRUDENCIA

STS n.º 68/2024, de 17 de enero del 2024, ECLI:ES:TS:2024:336

Analizando la extemporaneidad de la resolución administrativa expresa sobre la concurrencia de fuerza mayor en un ERTE durante el Estado de Alarma (COVID):

«(...) ante una notificación defectuosa, el plazo de caducidad no se inicia hasta que el trabajador actúa mediante actos que vengan a poner de manifiesto que conoce no

solo el contenido de la decisión sino cómo actuar frente a ella que es lo que ha entendido la sentencia de contraste. Pero ello debe matizarse porque, sin ignorar que al no existir reclamación previa, el efecto suspensivo de la caducidad que llevaba aparejada la reclamación previa ha desaparecido a partir de la Ley 39/2015, a la vista de los preceptos que aquí se están analizando y la doctrina constitucional y jurisprudencial que los ha inspirado el momento final de esa suspensión no se cierra en el momento que indica la sentencia de contraste.

Esto es y en relación con lo que ha sucedido en las presentes actuaciones, el mero hecho de haberse interpuesto una reclamación previa administrativa en modo alguno permite entender que con ella se reanuda el plazo de caducidad. Se trata de una figura ya desaparecida, alegal, y, por eso mismo, inhábil para reanudar el plazo de caducidad, tal y como se desprende del juego concordado de aquellos dos preceptos recién citados. Al no haberse indicado el modo de combatir la decisión de despedir se mantiene suspendido el plazo de caducidad hasta que la persona afectada "interponga cualquier recurso que proceda" y la desaparecida vía de reclamación previa ya no cumple ese requisito». (citando STS n.º 727/2020, 24 de julio de 2020, ECLI:ES:TS:2020:2794 y STS, rec. 1769/2022, 29 de julio de 2023, ECLI:ES:TS:2023:3523).

Procedimiento del ERTE por fuerza mayor temporal ante impedimentos o limitaciones en la actividad normalizada

Será de aplicación el procedimiento previsto para los expedientes por causa de fuerza mayor temporal a que se refiere el apartado anterior, con las siguientes particularidades:

- La solicitud de informe por parte de la autoridad laboral a la Inspección de Trabajo y Seguridad Social no será preceptiva.
- La empresa deberá justificar, en la documentación remitida junto con la solicitud, la existencia de las concretas limitaciones o del impedimento a su actividad como consecuencia de la decisión de la autoridad competente.
- La autoridad laboral autorizará el expediente si se entienden justificadas las limitaciones o impedimento referidos.

Beneficios en la cotización

Durante la aplicación de los expedientes de regulación temporal de empleo analizados las empresas podrán acogerse voluntariamente —siempre y cuando concurran las condiciones y requisitos incluidos en la D.A. 44.ª de la LGSS— a las exenciones en la cotización a la Seguridad Social sobre la aportación empresarial por contingencias comunes y por conceptos de recaudación conjunta (art. 153.bis de la LGSS):

- ERTE de Fuerza mayor temporal (art. 47.5 del ET): 90 % [Exenciones de la letra b) del apartado 1 de la D.A. 44.ª de la LGSS].
- ERTE de impedimento o ERTE de limitación (art. 47.6 del ET): 90 % [Exenciones de la letra c) del apartado 1 de la D.A. 44.ª LGSS].

Es este punto hay que concretar:

- El art. 4.ª del Real Decreto-ley 32/2021, de 28 de diciembre, modifica la Ley 30/2015, de 9 de septiembre, por la que se regula el sistema de formación profesional para el empleo en el ámbito laboral, incrementando del crédito disponible para las empresas para la financiación de acciones en el ámbito de la acción programada (art. 9.7 de la Ley 30/2015, de 9 de septiembre).

- Las exenciones previstas resultarán de aplicación exclusivamente en el caso de que las empresas desarrollen las acciones formativas (D.A. 25.ª del ET).

- Las exenciones se aplicarán respecto de las personas trabajadoras afectadas por las suspensiones de contratos o reducciones de jornada, en alta en los códigos de cuenta de cotización de los centros de trabajo afectados.

- Las exenciones en la cotización estarán condicionadas al mantenimiento en el empleo de las personas trabajadoras afectadas durante los seis meses siguientes a la finalización del periodo de vigencia del expediente de regulación temporal de empleo. Las empresas que incumplan este compromiso deberán reintegrar el importe de las cotizaciones de cuyo pago resultaron exoneradas en relación a la persona trabajadora respecto de la cual se haya incumplido este requisito, con el recargo y los intereses de demora correspondientes, según lo establecido en las normas recaudatorias de la Seguridad Social, previa comprobación del incumplimiento de este compromiso y la determinación de los importes a reintegrar por la Inspección de Trabajo y Seguridad Social (D.A. 44.ª 10 de la LGSS).

- Se aplicarán a instancia de la empresa, previa comunicación de la identificación de las personas trabajadoras y periodo de la suspensión o reducción de jornada y previa presentación de declaración responsable, respecto de cada código de cuenta de cotización, en el que figuren de alta las personas trabajadoras adscritas a los centros de trabajo afectados, y mes de devengo (la D.A. 44.ª 10 de la LGSS determina ciertos requisitos de obligado cumplimiento).

CUESTIÓN

¿En qué supuestos de extinción/despido no se entenderá incumplido el requisito de mantenimiento de empleo?

Atendiendo a la D.A. 44.ª 10 de la LGSS:

- No se considerará incumplido este compromiso cuando el contrato de trabajo se extinga por despido disciplinario declarado como procedente, dimisión, muerte, jubilación o incapacidad permanente total, absoluta o gran invalidez de la persona trabajadora.

- Tampoco se considera incumplido por el fin del llamamiento de las personas con contrato fijo-discontinuo, cuando este no suponga un despido sino una interrupción del mismo.

> – En el caso de contratos temporales, no se entenderá incumplido este requisito cuando el contrato se haya formalizado de acuerdo con lo previsto en el artículo 15 del Estatuto de los Trabajadores y se extinga por finalización de su causa, o cuando no pueda realizarse de forma inmediata la actividad objeto de contratación.

Disposiciones comunes a los ERTE del art. 47 del ET y limitaciones

Tras la modificación realizada por la reforma laboral 2021-2022, el art. 47.7 del ET fija las disposiciones comunes y limitaciones en caso de reducción de jornada o suspensión del contrato derivadas de fuerza mayor (ya analizadas en el apartado general).

2.1.3. Mecanismo RED de Flexibilidad y Estabilización del Empleo

Mediante la reforma laboral 2021-2022 (RD-ley 32/2021) se introduce en nuestro ordenamiento jurídico un nuevo tipo de ERTE por causas económicas, técnicas, organizativas o de producción denominado **Mecanismo RED de Flexibilidad y Estabilización del Empleo (art. 47 bis del ET)** con mayores exoneraciones que las modalidades clásicas de ERTE y con la peculiaridad de que la posibilidad de solicitarlo ha de ser activada por el Consejo de Ministros.

Supone una serie de medidas, similares a los ERTE ordinarios, que permiten a las empresas reducir la jornada o suspender los contratos de sus trabajadores con beneficios en las cotizaciones y prestaciones siempre que se den determinadas circunstancias. El art. 47 bis del ET define esta modalidad como: «El Mecanismo RED de Flexibilidad y Estabilización del Empleo es un instrumento de flexibilidad y estabilización del empleo que, una vez activado por el Consejo de Ministros, permitirá a las empresas la solicitud de medidas de reducción de jornada y suspensión de contratos de trabajo».

Los gastos y beneficios en la cotización que se produzcan con cargo al Mecanismo RED se imputarán presupuestariamente.

Activación y solicitud por las empresas

La activación del mecanismo se realizará a propuesta conjunta de las personas titulares de los Ministerios de Trabajo y Economía Social, de Asuntos Económicos y Transformación Digital, y de Inclusión, Seguridad Social y Migraciones, previo informe de la comisión delegada del Gobierno para asuntos económicos.

Una vez activado el mecanismo, las empresas podrán solicitar voluntariamente a la autoridad laboral la reducción de la jornada o la suspensión de los contratos de trabajo, mientras esté activado el mecanismo, en cualquiera de sus centros de trabajo y en los términos previstos.

Como ejemplo de activación encontramos la Orden PCM/250/2022, de 31 de marzo, por el que se declara la activación del Mecanismo RED de Flexibilidad y Estabilización del Empleo para el sector de las **agencias de viajes (−CNAE-2009− 7911, 7912 y 7990 a fecha 31 de marzo de 2022)**, en su modalidad sectorial, de conformidad con el artículo 47 bis.1.b) del texto refundido de la Ley del Estatuto de los Trabajadores, aprobado por el Real Decreto Legislativo 2/2015, de 23 de octubre.

Posibilidades

- Reducir temporalmente la jornada de trabajo de las personas trabajadoras (entre un 10 % y un 70 %).
- Suspender temporalmente los contratos de trabajo.

Causas y normas comunes aplicables

Este Mecanismo RED tendrá dos modalidades:

a) **Cíclica,** cuando se aprecie una coyuntura macroeconómica general que aconseje la adopción de instrumentos adicionales de estabilización, con una duración máxima de un año.

b) **Sectorial,** cuando en un determinado sector o sectores de actividad se aprecien cambios permanentes que generen necesidades de recualificación y de procesos de transición profesional de las personas trabajadoras, con una duración máxima inicial de un año y la posibilidad de dos prórrogas de seis meses cada una.

Serán normas comunes aplicables a las dos modalidades del Mecanismo RED, las siguientes:

- **Propuesta de prórroga (art. 47.4 del ET)**: en cualquier momento durante la vigencia de la medida de reducción de jornada o suspensión de contratos basada en causas económicas, organizativas, técnicas o de producción, la empresa podrá comunicar a la representación de las personas trabajadoras con la que hubiera desarrollado el periodo de consultas una propuesta de prórroga de la medida. La necesidad de esta prórroga deberá ser tratada en un periodo de consultas de duración máxima de cinco días, y la decisión empresarial será comunicada a la autoridad laboral en un plazo de siete días, surtiendo efectos desde el día siguiente a la finalización del periodo inicial de reducción de jornada o suspensión de la relación laboral. (Salvo en los plazos señalados, resultarán de aplicación a este periodo de consultas las previsiones recogidas en el 47.3 del ET).

- **Las normas comunes a los ERTE ETOP y los ERTE fuerza mayor (art. 47.7 del ET)**.

- **Protección social**: las personas trabajadoras cubiertas por un Mecanismo RED se beneficiarán de las medidas en materia de protección social previstas en la D.A. 41.ª de la Ley General de la Seguridad Social, y tendrán la consideración de colectivo prioritario para el acceso a las iniciativas de formación del sistema de formación profesional para el empleo en el ámbito laboral.

– **Control**: la Inspección de Trabajo y Seguridad Social y el Servicio Público de Empleo Estatal colaborarán para el desarrollo de actuaciones efectivas de control de la aplicación del mecanismo, mediante la programación de actuaciones periódicas y de ejecución continuada.

Procedimiento e intervención de la autoridad laboral

Una vez activado el mecanismo, las empresas podrán solicitar voluntariamente a la autoridad laboral la reducción de la jornada o la suspensión de los contratos de trabajo, mientras esté activado el mecanismo, en cualquiera de sus centros de trabajo.

El procedimiento se iniciará mediante solicitud por parte de la empresa dirigida a la autoridad laboral competente y comunicación simultánea a la representación de las personas trabajadoras.

La tramitación de la solicitud sigue lo previsto en el artículo 47.5 del ET, previo desarrollo de un periodo de consultas en los términos regulados en el 47.3 del ET, con las siguientes particularidades recogidas en el art. 47 bis del ET:

– La autoridad laboral deberá remitir el contenido de la solicitud empresarial a la Inspección de Trabajo y Seguridad Social y recabar informe preceptivo de esta sobre la concurrencia de los requisitos correspondientes. Este informe será evacuado en el improrrogable plazo de siete días desde la notificación de inicio por parte de la empresa a la autoridad laboral.

– La autoridad laboral procederá a dictar resolución en el plazo de siete días naturales a partir de la comunicación de la conclusión del periodo de consultas. Si transcurrido dicho plazo no hubiera recaído pronunciamiento expreso, se entenderá autorizada la medida, siempre dentro de los límites legal y reglamentariamente establecidos.

– Cuando el período de consultas concluya con acuerdo, la autoridad laboral autorizará la aplicación del mecanismo, pudiendo la empresa proceder a las reducciones de jornada o suspensiones de contrato en las condiciones acordadas.

– Cuando el período de consultas concluya sin acuerdo, la autoridad laboral dictará resolución estimando o desestimando la solicitud empresarial. La autoridad laboral estimará la solicitud en caso de entender que de la documentación aportada se deduce que la situación cíclica o sectorial temporal concurre en la empresa en los términos previstos en este artículo.

> **A TENER EN CUENTA.** En el caso de la modalidad sectorial, además, la solicitud deberá ir acompañada de un plan de recualificación de las personas afectadas.

Aplicación transitoria del Reglamento de los procedimientos de despido colectivo y de suspensión de contratos y reducción de jornada

A expensas del futuro y seguro desarrollo reglamentario del mecanismo RED, el Real Decreto-ley 4/2022, de 15 de marzo, ha determinado que serán de aplicación las previsiones contenidas en los capítulos II y III del Reglamento de los procedimientos de despido colectivo y de suspensión de contratos y reducción de jornada, aprobado por el Real Decreto 1483/2012, de 29 de octubre, con una serie de especialidades desarrolladas en la disposición transitoria segunda del propio real decreto-ley.

Se establece, de manera expresa, que no será aplicable el contenido de los artículos 17, 18, 19 y 22 del Real Decreto 1483/2012, de 29 de octubre, relativos al inicio y comunicación de inicio del procedimiento, documentación a aportar e informe de la inspección de trabajo y seguridad social.

Además, se establecen las siguientes especialidades:

– Durante la aplicación del Mecanismo RED cada persona trabajadora solo podrá verse afectada en exclusiva por una reducción de su jornada o por una suspensión de su contrato, sin que quepa una combinación de ambas, y sin perjuicio de la afectación o desafectación o de la variación en el porcentaje de reducción de jornada, que se produzcan ante la alteración de las circunstancias alegadas como causa justificativa de las medidas.

– La dirección de la empresa deberá comunicar de manera fehaciente a las personas trabajadoras o a sus representantes su intención de iniciar la tramitación del Mecanismo RED, a efectos de la conformación de la comisión representativa de aquellas conforme a lo previsto en el artículo 41.4 del Estatuto de los Trabajadores.

– Constituida la comisión representativa de las personas trabajadoras o transcurrido el plazo para ello, la empresa remitirá la comunicación de inicio del periodo de consultas, que deberá ir acompañada de la siguiente documentación:

• Documentación acreditativa de que la situación temporal, cíclica o sectorial, descrita en el correspondiente acuerdo de activación del Mecanismo RED concurre en la empresa.

• Período dentro del cual se va a llevar a cabo la aplicación de las medidas de reducción de jornada o suspensión de contratos de trabajo.

• Identificación de las personas trabajadoras incluidas en el procedimiento y que van a resultar afectadas por las medidas de regulación temporal de empleo.

• Tipo de medida a aplicar respecto de cada una de las personas trabajadoras y el porcentaje máximo de reducción de jornada o el número máximo de días de suspensión de contrato a aplicar.

> **A TENER EN CUENTA.** En el caso de la modalidad sectorial, además, esta comunicación deberá ir acompañada de un plan de recualificación de las personas afectadas.

- La solicitud para aplicar medidas de reducción de contrato o suspensión de jornada en el ámbito del Mecanismo RED activado será presentada por la empresa ante la autoridad laboral competente de forma simultánea a la comunicación de apertura del periodo de consultas a la que se refiere el apartado anterior y deberá incorporar:

  - Copia de la comunicación de inicio referida en el apartado b).

  - Copia de la comunicación y de la documentación referidas en el apartado c).

  - Identificación de las personas que integrarán la comisión negociadora y la comisión representativa de las personas trabajadoras o, en su caso, indicación de la falta de constitución de esta última en los plazos legales.

- La admisión a trámite de una solicitud de autorización para aplicar medidas en el ámbito de un Mecanismo RED requerirá, en cualquier caso, el cumplimiento de los requisitos que al respecto se fijen en el acuerdo de activación del Consejo de Ministros.

- Si la autoridad laboral que recibe la solicitud a que se refiere el apartado anterior careciera de competencia según lo dispuesto en el artículo 25 del Reglamento de los procedimientos de despido colectivo y de suspensión de contratos y reducción de jornada, deberá dar traslado de la misma a la autoridad laboral que resultara competente, dando conocimiento de ello simultáneamente a la comisión negociadora.

- La comunicación final de la empresa a la autoridad laboral, ya haya finalizado con o sin acuerdo el periodo de consultas, deberá incorporar, como mínimo, los contenidos siguientes:

  - Personas, grupos profesionales, puestos y niveles salariales afectados, determinando en cada caso si la medida es de reducción de jornada diaria, semanal, mensual o anual o de suspensión de contrato.

  - Fecha de efectos del Mecanismo RED, que podrá ser anterior a la de la comunicación final a la autoridad laboral, pero en ningún caso previa a la fecha de activación de aquel.

  - Período dentro del cual se va a llevar a cabo la aplicación de las medidas de reducción de jornada o suspensión del contrato, dentro del límite establecido por el acuerdo de activación.

  - Porcentaje máximo de reducción de jornada diaria, semanal o mensual acordado para cada una de las personas, grupos profesionales, puestos o niveles salariales afectados, así como del número máximo de días de suspensión de contratos a aplicar en cada caso.

> **A TENER EN CUENTA.** En el supuesto de la modalidad sectorial del Mecanismo RED, plan de recualificación definitivo. El plan de recualificación podrá incorporar entre sus contenidos las acciones formativas a las que se refiere la disposición adicional vigesimoquinta del Estatuto de los Trabajadores.

CUESTIÓN

Teniendo en cuenta la aplicación del Real Decreto 1483/2012, de 29 de octubre, «en cuanto no resulten incompatibles con lo recogido en el propio artículo 47 bis del Estatuto de los Trabajadores», ¿qué artículos del Reglamento de los procedimientos de despido colectivo y de suspensión de contratos y reducción de jornada no serán aplicables en la tramitación del ERTE vía mecanismo RED?

No son aplicables los artículos que contradicen la actual regulación del art. 47 bis del ET. En concreto: 17 (iniciación del procedimiento), 18 (documentación), 19 (comunicación del inicio del procedimiento a la autoridad laboral) y 22 (Informe de la Inspección de Trabajo y Seguridad Social).

Beneficios en la cotización asociados a la aplicación del mecanismo RED [D.A. 44.ª d) y e) de la LGSS]

Respecto de las personas trabajadoras afectadas por las suspensiones de contratos o reducciones de jornada, en alta en los códigos de cuenta de cotización de los centros de trabajo afectados:

– RED CÍCLICO [art. 47 bis. 1.a) del ET]:

- 60 % en los cuatro primeros meses de activación por acuerdo del Consejo de Ministros, hasta el último día del cuarto mes posterior a dicha fecha de activación.
- 30 % en el periodo inmediatamente posterior de cuatro meses.
- 20 % en los siguientes cuatro meses.

– RED SECTORIAL [art. 47.bis.1.b) del ET]: 40 %

Medidas de protección social de las personas trabajadoras afectadas por la aplicación del Mecanismo RED de Flexibilidad y Estabilización del Empleo

Atendiendo a la D.A. 41.ª de la LGSS:

– El procedimiento para su solicitud y reconocimiento se desarrollará reglamentariamente.

– La empresa deberá formular la solicitud colectiva (en representación de las personas trabajadoras), en el modelo establecido al efecto en la página web o sede electrónica del SEPE (plazo de un mes desde la resolución de la AL).

- La cuantía de la prestación se determinará aplicando a la base reguladora, calculada de conformidad con el punto anterior, el porcentaje del 70 por ciento, durante toda la vigencia de la medida. No obstante, la cuantía máxima mensual a percibir será la equivalente al 225 por ciento del indicador público de rentas de efectos múltiples mensual vigente en el momento del nacimiento del derecho incrementado en una sexta parte.

- La duración de la prestación se extenderá, como máximo, hasta la finalización del período de aplicación del Mecanismo RED en la empresa.

- Durante la aplicación de las medidas de suspensión o reducción, la empresa ingresará la aportación de la cotización que le corresponda, debiendo la entidad gestora ingresar únicamente la aportación de la persona trabajadora, previo descuento de su importe de la cuantía de su prestación.

- La prestación será incompatible con la realización de trabajo por cuenta propia o por cuenta ajena a tiempo completo, con la percepción de prestaciones o subsidios por desempleo, con la prestación por cese de actividad, con la renta activa de inserción y con la obtención de otras prestaciones económicas de la Seguridad Social (salvo futuro desarrollo reglamentario).

- La prestación será compatible con la realización de otro trabajo por cuenta ajena a tiempo parcial.

- La prestación se extinguirá si se causa baja en la empresa por cualquier motivo.

2.2. Por sanción: suspensión de empleo y sueldo por razones disciplinarias

La suspensión de empleo y sueldo por razones disciplinarias es una situación de suspensión del contrato de trabajo, tipificada como tal en el artículo 45.1.h) del Estatuto de los Trabajadores y que produce el efecto general previsto en el artículo 45.2 del mismo texto legal: la exoneración de las obligaciones recíprocas de trabajar y remunerar el trabajo.

Dado que el texto estatutario impide sanciones que consistan en la reducción de la duración de las vacaciones u otra minoración de los derechos al descanso del trabajador o multa de haber, la sanción ha de suponer predominantemente una suspensión de empleo y sueldo (art. 58 del ET). **Correspondiendo al convenio colectivo establecer las faltas que pueden llevar aparejada este tipo de sanción, el procedimiento necesario para su imposición o la duración de la misma**.

En relación con una posible suspensión de empleo y sueldo por sanción disciplinaria **al trabajador, ha de tenerse en cuenta**:

- La necesidad de su regulación por convenio colectivo para poder ser de aplicación.

- El trabajador se encontrará en situación asimilada al alta (como analizamos en el siguiente apartado) durante la duración de la sanción.
- Han de respetarse los privilegios de los representantes de los trabajadores establecidos en el art. 64.1 del ET.
- La comunicación empresarial de la sanción ha de establecer una fecha concreta de los efectos sancionadores (que puede ser distinta a la fecha de notificación) y los hechos que la motivan.
- Se aplicará lo establecido en el art. 60 del ET, en relación con la prescripción para ejercitar la sanción por parte empresarial.
- El trabajador podrá **impugnar la sanción siguiendo lo establecido en los arts. 103 y 114 de la LJS**. En estos supuestos pueden suceder que:
  - Sea anulada total o parcialmente por los órganos judiciales (la empresa ha de comunicar el alta en la Seguridad Social e ingresar la cotización correspondiente).
  - Los órganos judiciales consideren procedente la sanción por lo que se mantendrán los efectos señalados.

Cómputo de la antigüedad durante la suspensión

El Estatuto de los Trabajadores no se manifiesta acerca del cómputo de la antigüedad durante el periodo en el que la persona trabajadora permanece en situación de suspensión de empleo y sueldo. De esta forma, entendiendo que se trata de un supuesto «especial» de suspensión del contrato con origen sancionador, la primera decisión podría ser la exclusión del cómputo del periodo, no obstante, hemos de ser cautos, y ante el vacío normativo, entender analógicamente el mismo tratamiento que en otras causas suspensivas, esto es, computar el tiempo de suspensión a efectos de antigüedad.

A falta de concreción por parte de los tribunales de este aspecto (o especificación vía convenio colectivo), lo recomendable sería apreciar caso por caso y valorar la gravedad de la falta y los perjuicios que haya causado al empresario para considerar dentro del cómputo necesario para aspectos.

Derecho a vacaciones durante la suspensión

Como uno de los efectos de la suspensión del contrato encontraríamos la minoración del derecho a vacaciones en base al tiempo por el que se fije la suspensión de empleo. Como sucede en otros casos de suspensión contractual, el periodo en cuestión no genera derecho a vacaciones. A esto hemos de realizar dos precisiones:

- No se considera incumplido el art. 58.3 del ET donde se prohíbe la reducción de la duración de las vacaciones u otra minoración de los derechos al descanso del trabajador toda vez que esta reducción del periodo vacacional se asocia a la suspensión del contrato.
- En caso de que ante una eventual reclamación del trabajador judicialmente la sanción fuese anulada, si ya se hubiese aplicado la reducción del derecho a vacaciones, estas deberán compensarse posteriormente.

Finalización de la suspensión y reincorporación al puesto de trabajo

Dada la propia naturaleza de la sanción, la situación de suspensión que genera es temporal, limitándose su duración al periodo impuesto. Una vez finalice la suspensión, el trabajador tiene derecho a reincorporarse a su puesto de trabajo y el contrato vuelve a cobrar plenitud de efectos (art. 48 del ET).

Cotización durante la suspensión de empleo y sueldo por razones disciplinarias

El mayor problema de este tipo de sanciones consiste en determinar su proyección en el ámbito de la Seguridad Social. La normativa no reconoce la situación de suspensión de empleo y sueldo por razones disciplinarias como de asimilada al alta. En los supuestos de normalidad, la obligación de cotizar va acompañada del mantenimiento del alta. Así, el art. 144 de la Ley General de la Seguridad Social establece que la obligación de cotizar nace con el comienzo de la prestación de trabajo y se mantiene durante el período de prestación de servicios. Sin embargo, el precepto citado contiene una serie de normas que permiten precisar esta conclusión. [Cuando un trabajador deba permanecer en situación de alta pero sin remuneración se toma como base de cotización (para contingencias comunes/profesiones/FOGASA/desempleo/FP) la mínima correspondiente al grupo de cotización de su categoría profesional durante la duración de la suspensión].

En primer lugar, el párrafo final del número 2 establece que la obligación de cotizar se mantiene «respecto a los trabajadores que se encuentren cumpliendo deberes de carácter público o desempeñando cargos de representación sindical, siempre que ello no dé lugar a la excedencia en el trabajo», lo que constituye una primera indicación importante, pues se reconoce que en una interrupción típica —permiso, retribuido o no, para el cumplimiento de un deber público o sindical [art. 37.3 del ET y apdo. 1 a) del art. 9 de la LOLS]— se mantiene la obligación de cotizar, mientras que esa obligación no existe cuando se trata de una suspensión, como la excedencia forzosa del art. 46.1 del ET o del art. 9.1 b) de la Ley Orgánica de Libertad Sindical.

En segundo lugar, existen previsiones específicas sobre el mantenimiento de la obligación de cotizar durante determinadas situaciones suspensivas, como es el caso de la incapacidad temporal, el riesgo de embarazo o la maternidad (144.3 de la LGSS), lo que, a contrario, indica que en el resto de las situaciones suspensivas no hay obligación de cotizar y tampoco alta. Es cierto que el art. 144.5 de la LGSS, contiene otra regla específica en sentido distinto, al establecer que «la obligación de cotizar se suspenderá durante las situaciones de huelga y cierre patronal», pero esta norma tiene un sentido aclaratorio de la regla general; no de excepción a la misma. Es así, porque, al estar ligada la cotización a la percepción de una retribución (art. 109 de la LGSS), es el pago de esa retribución el que define, en principio, el contenido económico de la obligación de cotizar, pues la retribución no es solo base de cálculo, sino también manifestación de la capacidad de pago que determina el hecho imponible, por lo que la regla general es la que vincula la obligación de cotizar con el desarrollo de una actividad profesional retribuida, y la excepción, la que mantiene esa obligación como en el caso de las situaciones suspensivas del art. 106.4 de la LGSS, o de los permisos no retribuidos, a los que sin duda se refieren las normas que en las sucesivas órdenes de cotización regulan la base aplicable en los días de permanencia en alta sin percepción de retribución computable.

Estas conclusiones son aplicables al alta en la medida que ésta debe vincularse normalmente con la obligación de cotizar. En este sentido resulta ilustrativo el artículo 36 del Reglamento General sobre inscripción de empresas y afiliación, altas, bajas y variaciones de datos de trabajadores en la Seguridad Social (Real Decreto 84/1996, de 26 de enero), que considera situaciones asimiladas al alta —es decir, situaciones en las que no hay alta en sentido propio— supuestos suspensivos típicos, como la excedencia forzosa, el servicio militar, la excedencia por cuidado de hijos, así como otro supuesto como el de la inactividad de los trabajadores de temporada, que se caracteriza por el mantenimiento del contrato, pero sin prestación de trabajo, ni percepción de salario. Esta es además la solución que se ha aplicado en el ámbito de la función pública conforme a lo dispuesto en la Orden de 27 de octubre de 1992, que, aunque mantiene el alta en la suspensión provisional, prevé, en su artículo 3, que «cuando la suspensión sea declarada firme, procederá cursar la baja en el Régimen General con efectos retroactivos y devolver las cuotas ingresadas durante el período a que afecte la suspensión firme».

La STS, rec. 2240/2001, de 4 de junio de 2002, ECLI:ES:TS:2002:9098, contempla la cuestión de si una suspensión de empleo y sueldo impuesta como sanción disciplinaria determina la baja de la trabajadora sancionada en el Régimen de la Seguridad Social, concluyendo que ante tal situación **no procede el mantenimiento en alta de la misma pero sí su consideración como situación asimilada de alta.**

> **JURISPRUDENCIA**
>
> **STS, rec. 1906/1999, de 30 de mayo de 2000, ECLI:ES:TS:2000:4388**
>
> Prestación por maternidad causada en situación de suspensión de empleo y sueldo. La suspensión de empleo y sueldo por razones disciplinarias no figura entre las situaciones asimiladas al alta que recoge el actual artículo 166 de la LGSS. Por otra parte, no existe en el ordenamiento de la Seguridad Social, precepto alguno que prohíba considerar tal supuesto como situación asimilada al alta. Hay por tanto una laguna legal que se produce cuando estando en suspenso la relación laboral por razones disciplinarias, le sobreviene la contingencia de baja en el trabajo por razón de maternidad. Se concede la prestación por maternidad.

Suspensión de empleo y sueldo cautelar

La doctrina ha admitido expresamente la posibilidad de una suspensión de empleo y sueldo cautelar cuando no aparezca impuesta como tal sanción, sino como una medida dirigida a garantizar la investigación y siempre que esté permitida por la norma colectiva de aplicación. Supeditándose su legalidad a su previsión en la norma convencional, y a una imposición proporcionada o ajustada de la medida a la finalidad perseguida según la gravedad de los hechos imputados al trabajador y la forma en que se cometieron las infracciones detectadas. (STSJ de Extremadura n.° 146/2006, de 23 de febrero de 2006, ECLI:ES:TSJEXT:2006:220, y STSJ de Extremadura n.° 500/2007, de 19 de julio de 2007, ECLI:ES:TSJEXT:2007:1349).

La suspensión cautelar de empleo y sueldo del contrato durante la tramitación del expediente sancionador, no tiene entidad o sustantividad propia, sino que se supedita al resultado del propio expediente disciplinario y a la decisión que en última instancia se adopte; de tal manera que si dicho expediente concluye con la sanción del despido, y el mismo es declarado procedente, la ratificación de la medida cautelar se habrá producido, mientras que, si el despido posterior fuese declarado improcedente la medida cautelar habrá de considerarse injustificada y dejada sin efecto.

En base a lo anterior, en el caso de una suspensión cautelar, no encontraríamos con dos medidas con distinta naturaleza y con distinta finalidad, por lo que, si la empresa adopta la medida previa cautelar a la que le autoriza la norma convencional, sin excederse en la misma, y con la finalidad para la que estaba prevista, no será infringido el principio non bis in idem o doble sanción prohibida en derecho, ya que solo existe una medida cautelar autorizada y una sola sanción posterior. (STSJ de la Comunidad Valenciana, rec. 56/1998, de 17 de abril de 1998, ECLI:ES:TSJCV:1998:2280).

CUESTIÓN

Durante la suspensión de empleo y sueldo, ¿el trabajador puede percibir otras cantidades?

Como en cualquier suspensión de contrato, el vínculo contractual continua vigente, por lo que, a pesar de que el trabajador no tenga derecho a remuneración o no genere vacaciones, es posible que perciba o disfrute cantidades de vencimiento periódico irregular como *bonus* o pagas de beneficios, o continúe disfrutando de concesión otorgadas por la empresa como vehículo o casa.

Igualmente, se devengarán las prestaciones o indemnizaciones que le pudieren corresponder.

RESOLUCIÓN RELEVANTE

STSJ de Galicia n.° 6070/2016, de 25 de octubre, ECLI:ES:TSJGAL:2016:7867

«Y la diferente naturaleza entre la suspensión de empleo y sueldo, impuesta como medida cautelar, y la sanción por despido impuesta como consecuencia del ejercicio del poder disciplinario del empleador, ha sido reconocida de forma reiterada por la jurisprudencia del TS y por doctrina de los distintos Tribunales Superiores de Justicia (STS diciembre de 1994 y 17 de abril de 1998, rcud. 56/1998; y SSTSJ del País Vasco de 22 de julio de 1997, Valencia de 17 de abril de 1998, Madrid 14 de junio de 2002, Canarias de 29 de marzo de 2004 y Cataluña 1 de febrero de 2016 entre otras) ya que la suspensión de empleo y sueldo cautelar no constituye una sanción propiamente dicha, sino que se trata de una medida dirigida a investigar los hechos imputado —y que por lo tanto puede considerarse razonada— cuya licitud se ampara en la norma paccionada que le da cobertura. Otro argumento que se esgrime para señalar que no nos encontramos ante una doble sanción vulneradora del art. 25 CE es que la medida cautelar así acordada "o tiene entidad o sustantividad propia, sino que está en función del resultado del propio expediente disciplinario y de la decisión que en última

instancia se adopte"; de tal manera que "si dicho expediente concluye con la sanción del despido, (...) y el despido es declarado procedente" ello habrá "comportado la ratificación de la medida cautelar (y) si el despido es declarado improcedente la medida cautelar habrá de considerarse injustificada y dejada sin efecto.

En definitiva, estamos dos medidas con distinta naturaleza y con distinta finalidad, por lo que si la empresa adopta la medida previa cautelar a la que le autoriza la norma convencional en vigor, sin excederse en la misma, y con la finalidad para la que estaba prevista, no puede sostenerse la teoría del bis in ídem o doble sanción prohibida en derecho, ya que lo que ha habido es una medida cautelar autorizada y una sola sanción posterior (En este sentido STS de 17 de abril de 1998, rec. 56/1998 anteriormente citada)"».

2.3. Cierre patronal de los empresarios

El cierre patronal o lock-out es una medida defensiva que los empresarios pueden adoptar en respuesta a acciones reivindicativas de los trabajadores, como huelgas. Este acto consiste en el cierre del establecimiento o centro de trabajo, interrumpiendo tanto el trabajo como el pago de salarios. La legalidad del cierre patronal está respaldada por el artículo 37.2 de la Constitución Española y la Sentencia del Tribunal Constitucional de 8 de abril de 1981, siempre que se ejerza de manera defensiva y no ofensiva, conforme al Real Decreto-ley 17/1977, de 4 de marzo, sobre relaciones de trabajo (RDLRT).

Causas del cierre patronal

El cierre debe ser temporal y solo para asegurar la integridad de las personas y bienes, con la intención de reabrir una vez desaparezca el riesgo cierto. Pueden darse cuatro clases de cierre (art. 12.1 del RDLRT):

Cierre defensivo	El empresario, con el fin de responder a una huelga o cualquier otro medio de presión de los trabajadores, procede al cierre de la empresa alegando:	Fuerza mayor.
		Anormalidades graves que imposibilitan el proceso productivo.
		Peligros inminentes o graves de daños para las personas o las propiedades.
	Se trata de una medida de fuerza contra las huelgas que se producen con ocupación de locales de trabajo, o contra los supuestos de huelga impropia. (STS, rec. 2705/1999, de 31 de marzo de 2000).	
Cierre ofensivo	Se lleva a cabo como medida para:	Impedir la huelga.
		Presionar para que se ponga fin a la huelga.
		Sancionar a los huelguistas.
	Supone un atentado directo contra el derecho de huelga, por lo que es ilegal.	

Cierre de solidaridad	Es aquel que se realiza en solidaridad con otro empresario (habitualmente del mismo sector) frente a sus trabajadores, a través de la presión de un tercer empresario sobre sus propios trabajadores, la opinión pública y el poder público.
Cierre político	Se dirige contra el poder político a través de la presión social de privar sin trabajo y salario a los trabajadores durante un tiempo.

A TENER EN CUENTA. Están prohibidos los cierres patronales ofensivos, de solidaridad y los motivados por fines políticos.

La Constitución Española no establece, de forma expresa, el cierre patronal. Por lo que este concepto ha de deducirse del art. 45.2.m) del ET en donde se reconoce el derecho de los empresarios a adoptar medidas de conflicto colectivo. De esta manera, nuestro ordenamiento jurídico sólo admite, como legal, el cierre patronal defensivo que responda a alguna de las causas siguientes (art. 12.1 de RDLRT y STS, rec. 2191/2009, 12 de mayo de 2010, ECLI: ES:TS:2010:4395):

– Existencia de notorio peligro de violencia para las personas o daños graves para las cosas, correspondiendo al empresario probar la existencia de una amenaza real, grave e inminente (SSTS, rec. 2478/1999, de 14 de enero de 2000, ECLI:ES:TS:2000:61 y STS, rec. 2597/1999, 17 de enero de 2000, ECLI:ES:TS:2000:112).

– La ocupación ilegal del centro de trabajo o de cualquiera de sus dependencias.

– Peligro cierto de que se produzca la ocupación ilegal del centro de trabajo o de cualquiera de sus dependencias (STS, rec. 2478/1999, 14 de enero de 2000, ECLI:ES:TS:2000:61 y STS, rec. 2597/1999, 17 de enero 2000, ECLI:ES:TS:2000:112).

– Que el volumen de la inasistencia o irregularidades en el trabajo impidan gravemente el proceso normal de producción (STS, rec. 2705/1999, 31 de marzo 2000, ECLI:ES:TS:2000:2639).

El cierre patronal debe ser declarado por el empresario, debiendo ser comunicado en el plazo de 12 horas a la Autoridad Laboral competente. (STS, rec. 2191/2009, 12 de mayo de 2010, ECLI:ES:TS:2010:4395).

> **JURISPRUDENCIA**
>
> **STS, rec. 2191/2009, de 12 de mayo de 2010, ECLI:ES:TS:2010:4395**
>
> *«A tal efecto se puede apreciar como cierto que en ambos casos estamos ante un cierre patronal defensivo fundado en el volumen de asistencia al trabajo como permite hacer en términos generales el art. 12.1.c) del Real Decreto-Ley 17/1977, de 4 de marzo sobre relaciones de trabajo, no siendo menos cierto que ese volumen de inasistencia fue especialmente importante en ambos supuestos. Pero a pesar de las dos similitudes apuntadas no es menos cierto que concurre un dato esencial que fue el determinante de que por esta Sala se aceptara como válido el cierre producido en el caso de la sentencia aportado como término de comparación cual es el hecho de que la empresa en tal supuesto estuvo imposibilitada de llevar a cabo ningún tipo de actividad productiva durante los días de huelga debido a aquel volumen de inasis-*

tencia, sobre cuya razón se estimó admisible el cierre patronal producido. En el aquí contemplado es cierto que durante tres horas y media por turno esa imposibilidad se producía como consecuencia de la inasistencia al trabajo de un gran número de sus trabajadores, pero no es menos cierto que durante el resto de las horas la producción continuaba su ritmo normal, dado que los servicios de mantenimiento funcionaron, lo cual relativiza en gran medida la legalidad del cierre denunciado, tanto más cuanto que el mismo no se limitaba a cubrir las horas de falta de producción sino a los turnos completos en los que la huelga de dos horas se producía. En el caso de referencia, en definitiva, la huelga llevó a una paralización total del sistema de producción de la empresa, mientras que en la huelga producida en el caso de autos la paralización, que era total durante tres horas y media en cada turno, en el total del tiempo de producción de veinticuatro horas no alcanzaba siquiera a la mitad del tiempo empleador en la misma».

De igual manera que en el caso de huelga, también se debe, en el cierre patronal, mantener el respeto a los servicios mínimos de la comunidad (art. 37.2 de Constitución Española).

Procedimiento del cierre patronal

El art. 13 de RDLRT no exige que el empresario cuente con autorización previa, sino que para licitar el cierre basta con que el empresario, en el plazo de 12 horas, lo comunique a la autoridad laboral. El cumplimiento de este deber de notificación a la autoridad laboral no implica que el cierre patronal sea lícito.

De la misma manera, el art. 6.5 de la LISOS, considera el incumplimiento de la obligación empresarial de comunicación como una infracción administrativa de carácter leve.

La RDLRT tampoco exige ninguna comunicación a los trabajadores, usuarios o comité de huelga, dado el carácter acentuadamente inmediato del cierre patronal defensivo.

Finalización del cierre patronal

El cierre ha de limitarse al tiempo indispensable para asegurar la reanudación de la actividad de la empresa (art. 13.2 del RDLRT), es decir, el cierre no dependerá de la voluntad del empresario, sino del cese de las actividades motivadoras del mismo. Pudiéndose abrir la empresa a iniciativa del empresario, de los trabajadores o de la autoridad laboral.

El empresario está obligado a obedecer la orden administrativa de reapertura. En caso de negativa a la citada reapertura del centro de trabajo, en el plazo establecido por la autoridad laboral, incurrirá en infracción muy grave en materia de relaciones laborales (art. 8.9 de LISOS).

Igualmente, la jurisprudencia trata de entender el cierre patronal como ejercicio de un poder de policía del empresario dirigido exclusivamente a preservar la integridad de las personas, bienes e instituciones y limitado al tiempo necesario para la extinción de las causas que provocan esto y asegurar la reanudación de la actividad.

Efectos del cierre patronal legal o ilegal

Si el **cierre es legal**, los efectos son los mismos que los de la huelga legal (art. 12.2 del RDLRT):

- Suspensión de los contratos de trabajo, tanto para huelguistas como para no huelguistas (art. 6.1 y 2 del RDLRT).
- No se podrá sancionar al trabajador, salvo que durante el cierre hubiese cometido alguna falta laboral.
- Suspensión del derecho a percibir salario (art. 6.3 del RDLRT).
- El trabajador queda en situación de alta en la Seguridad Social especial (la obligación de cotizar por parte del empresario y trabajador queda suspendida mientras dure el cierre patronal).
- Ausencia de derecho a la protección por desempleo mientras dure el cierre legal.
- Ausencia del derecho a la protección por incapacidad temporal originada durante el período de cierre, pero sin pérdida del derecho a la asistencia sanitaria.

> **A TENER EN CUENTA.** Durante la huelga el empresario no puede sustituir a los huelguistas por otros trabajadores (art. 6.5 del RDLRT) y tiene limitado el poder de cierre patronal (art. 12 del RDLRT), pues «es contrario a la Constitución todo tipo de cierre que vacíe de contenido o impida el derecho de huelga» (STC n.º 11/1981, de 8 de abril).

Si el **cierre es ilegal**:

- Posibles sanciones, que se concretan en multas, por la autoridad laboral (art. 39 de la LISOS).
- Los trabajadores tienen derecho a los salarios dejados de percibir por el trabajo que no han podido realizar (art. 15 del RDLRT).
- Prestaciones por incapacidad temporal.
- Alta real en la seguridad social.
- Cotizaciones por ese período de cierre.

3.
LA SUSPENSIÓN DEL CONTRATO DE TRABAJO POR CAUSA DE LA PERSONA TRABAJADORA

Las causas de suspensión pueden ser variadas y están reguladas principalmente por el Estatuto de los Trabajadores (ET), otra normativa específica o los convenios. Analizamos las relacionadas con el trabajador.

3.1. Posible mejoría de incapacidad permanente

La normativa reguladora de esta suspensión del contrato de trabajo la encontramos en los arts. 48.2 del ET, 7 del Real Decreto 1300/1995, de 21 de julio y 8.2.c) del Real Decreto 2720/1998, de 18 de diciembre.

Al amparo del art. 48.2 del ET, en caso ciertos tipos de IP, se produce una suspensión del contrato de trabajo por un periodo de dos años, a contar desde la fecha de la declaración de la subsiguiente incapacidad permanente, si a juicio del órgano de calificación es posible una mejoría. Esta previsión ha resultado históricamente ciertamente conflictiva.

El citado art. 48.2 del ET establece que:

> «En el supuesto de incapacidad temporal, producida la extinción de esta situación con declaración de invalidez permanente en los grados de incapacidad permanente total para la profesión habitual, absoluta para todo trabajo o gran invalidez, cuando, a juicio del órgano de calificación, la si-

tuación de incapacidad del trabajador vaya a ser previsiblemente objeto de revisión por mejoría que permita su reincorporación al puesto de trabajo, subsistirá la suspensión de la relación laboral, con reserva del puesto de trabajo, durante un período de dos años a contar desde la fecha de la resolución por la que se declare la invalidez permanente».

Si bien toda declaración de invalidez permanente es revisable (por agravación o mejoría), conforme a lo dispuesto en el art. 200 de la LGSS, el art. 48 párrafo 2.º del ET establece un periodo de dos años de reserva del puesto de trabajo, para el supuesto de producirse la extinción de la incapacidad temporal por declaración de incapacidad permanente (en los grados de total, absoluta o gran invalidez), y tal derecho se condiciona a que por el órgano de calificación se prevea que la revisión por mejoría que permita la reincorporación al puesto de trabajo se produzca dentro de los dos años contados a partir de la fecha de la resolución en la que se declara la invalidez permanente.

Según se acaba de ver, **para que pueda existir la suspensión del contrato es necesario que concurran los requisitos siguientes:**

– Que la incapacidad temporal del trabajador se haya extinguido por habérsele reconocido a éste alguno de los grados de invalidez antes citados (IPT, IPA o gran invalidez).

– Que sea previsible que el trabajador, dentro de los años siguientes a la fecha de la resolución que declara dicha invalidez, mejore de sus padecimientos y secuelas, hasta el punto de que su grado de incapacidad pueda ser revisado a la baja y además se pueda reincorporar a su trabajo. Así pues, tiene que preverse que la situación incapacitante del interesado va a mejorar dentro de esos dos años siguientes a la resolución, que por ello dentro de ese plazo se revisará por mejoría tal situación de incapacidad por el INSS y que, en razón a esa mejoría, se podrá reincorporar a su trabajo.

– Además todo esto se tiene que exponer y consignar en la resolución del INSS que declaró al trabajador en situación de IPT, IPA o gran invalidez, y que determinó la extinción de la incapacidad temporal.

Así lo impone el reiterado art. 48.2 del ET cuando exige que la situación indicada concurra «a juicio del órgano de calificación» de la invalidez permanente, y así lo entendió la STS, rec. 3645/2000, de 17 de julio del 2001, ECLI:ES:TS:2001:6276, poniendo en relación este artículo con el art. 200 de la LGSS, arts. 3, 6 y 7 del Real Decreto 1300/1995, de 21 de julio, y art. 13 de la Orden de 18 de enero de 1996; habiendo considerado esta sentencia del Tribunal Supremo que en los casos en que la incapacidad permanente es declarada y reconocida por primera vez por una sentencia judicial, para que se pueda aplicar esta prórroga de dos años de la suspensión del contrato de trabajo, es necesario que en esa sentencia se constate la mencionada previsibilidad «de revisión por mejoría que permita su reincorporación al puesto de trabajo». (SJS de Madrid, rec. 1168/2022, de 9 de mayo de 2023, ECLI:ES:JSO:2023:4351).

CUESTIONES

1. La suspensión del contrato por posible mejoría de IP: ¿Se aplica a los contratos de sustitución por interinidad?

La norma no establece excepciones. La interinidad se extiende hasta la reincorporación o confirmación de incapacidad permanente. La duración del contrato de interinidad por sustitución se ha de prolongar hasta la efectiva reincorporación en caso de que se confirme la mejoría, o hasta la extinción definitiva por mantenimiento de la incapacidad permanente total o absoluta (dos años). (En este sentido, STSJ de Cataluña n.º 5543/2023, de 4 de octubre, ECLI:ES:TSJCAT:2023:9398).

2. Durante la suspensión del contrato de trabajo hasta la posible revisión de la IP, ¿debe la empresa abonar las cantidades fijadas en convenio para el caso de IP?

Salvo especificación por convenio colectivo, con carácter general, las mejoras voluntarias a la IPT nacen en el momento en que gana firmeza la declaración de invalidez, es decir, tras el cumplimiento del plazo de revisión de dos años o ante el reconocimiento final de la IP con extinción del contrato. (STS n.º 68/20202, de 28 de enero de 2020, ECLI:ES:TS:2020:592 y STSJ de Madrid n.º 365/2023, de 28 de abril de 2023, ECLI:ES:TSJM:2023:5058).

Situaciones ante la revisión de invalidez

La subsistencia de la suspensión establecida en el ET sólo procede cuando en la correspondiente Resolución inicial del INSS para el reconocimiento de la incapacidad se haga constar un plazo para poder instar la revisión, ante previsible mejoría del incapacitado, igual o inferior a dos años.

Pueden darse dos tipos de situaciones ante la revisión de invalidez:

- La **posibilidad de revisión**. Mientras el incapacitado no cumpla la edad de jubilación, tanto por mejoría como por empeoramiento de su situación, puede disminuirse la incapacidad o suponer una declaración de invalidez permanente definitiva que suponga la extinción de la relación laboral.

- Una **revisión por mejoría**. En estos supuestos se producirá la suspensión de la relación laboral, con reserva del puesto de trabajo, durante un período de dos años a contar desde la fecha de la resolución por la que se declare la invalidez permanente.

Como se ha visto, el art. 48.2 del ET, en su redacción actual ha introducido un supuesto de suspensión del contrato de trabajo por dos años a contar desde la fecha de la resolución por la que se declare la invalidez permanente en aquellos supuestos en que «la situación de incapacidad del trabajador vaya a ser previsiblemente objeto de revisión por mejoría que permita su incorporación al puesto de trabajo». Tal situación constituye una especialidad importantísima respecto de la previsión general de revisión de las declaraciones de invalidez que se contiene en el art. 200.2 de la LGSS, puesto que, mientras en este precepto se limita a reconocer como principio general que toda invalidez es susceptible de revisión en tanto el interesado no haya cumplido la edad de jubilación, tanto por mejoría como por empeoramiento de la situación, previendo la fijación de un plazo no vinculante a partir del cual se podrá solicitar la revisión por cualquiera de las partes, en el art. 48.2 del ET, se parte de una revisión por mejoría no ya posible sino probable, puesto que se considera previsible que se producirá, y por ello se fija un plazo de suspensión de la relación laboral con reserva de puesto de trabajo que es vinculante para el empresario, en situación que no se produce ante la simple posibilidad de revisión que contempla el art. 200 de la LGSS. Esta doble y diferente previsión legislativa en materia de revisión de incapacidades permite distinguir entre una declaración de invalidez previsiblemente definitiva, y por ello extintiva de la relación laboral y una declaración de invalidez de probable revisión por mejoría y por ello suspensiva de la relación laboral.

Necesidad de plazo para poder instar la revisión por previsible mejoría

La subsistencia de la suspensión de la relación laboral, con reserva de puesto de trabajo, que se regula en el apartado 2 del artículo 48 del texto refundido de la Ley del Estatuto de los Trabajadores, sólo procederá cuando en la correspondiente resolución inicial de reconocimiento de invalidez, a tenor de lo previsto en el párrafo primero del apartado 2 del artículo 200 de la Ley General de la Seguridad Social, se haga constar un plazo para poder instar la revisión por previsible mejoría del estado invalidante del interesado, igual o inferior a dos años (art. 7 del Real Decreto 1300/1995, de 21 de julio).

En el supuesto al que se refiere el apartado anterior, se dará traslado al empresario afectado de la resolución dictada al efecto por la correspondiente Dirección Provincial del Instituto Nacional de la Seguridad Social.

Sentencia firme declarando la IP permanente sin previsión de mejoría

Como ya se ha señalado a lo largo de este apartado en repetidas ocasiones, la suspensión de la relación laboral con reserva del puesto de trabajo, va indisolublemente vinculada, a que el órgano de calificación estime que la situación de invalidez vaya a ser previsiblemente objeto de revisión por mejoría, y por ello solo en un recurso se puede modificar su apreciación, tanto si estima que puede ser objeto de mejoría, como si de modo expreso o implícito estima lo contrario. Atendiendo a esto, cuando una invalidez permanente total o absoluta haya adquirido firmeza, con respecto a la subsistencia de la suspensión de la relación laboral y consiguiente reserva del puesto de trabajo, implica dos consecuencias que es necesario resaltar, la primera que si no fue declarada la previsión de revisión por mejoría el trabajador perdió definitivamente el derecho a la reserva del puesto de trabajo, la segunda que el INSS no puede acordar la revisión por mejora hasta transcurridos dos años desde que fue declarada la invalidez, lo contrario significa variar en contra del trabajador, el derecho que le reconoce el apdo. 2, art. 48 ET, pero esta imposibilidad del INSS de no acordar la mejora en dos años no le priva de sus funciones con respecto a posibles revisiones de la invalidez reconocida en plazos superiores.

A modo de resumen: una vez firme la sentencia que declare la invalidez permanente total o absoluta sin previsión de mejoría, ésta no puede ser mejorada por el INSS quedando la relación laboral extinguida en virtud del art. 49. e) del ET. Este tipo de extinción, salvo mejora voluntaria a la IPT establecida por convenio colectivo, no implica indemnización alguna.

RESOLUCIÓN RELEVANTE

STSJ de Cataluña n.º 515/2015, de 27 de enero, ECLI:ES:TSJCAT:2015:426

Citando STS de 31 de enero de 2008 «El art. 45-1-c) del ET declara que es causa de suspensión del contrato de trabajo la incapacidad temporal del trabajador"; y, según dispone el art. 48.1 ET, en tal caso "al cesar las causas legales de suspensión, el trabajador tendrá derecho a la reincorporación al puesto de trabajo reservado". Ahora bien, según se acaba de ver el art. 48.2 establece una prórroga a la situación de suspensión del contrato laboral derivada en principio de incapacidad temporal, a pesar de que esta situación de IT se haya extinguido, en la cual prórroga persiste la reserva del puesto de trabajo. A la vista del mandato contenido en este precepto, resulta claro que para que pueda existir esta prórroga de la suspensión del contrato es necesario que concurran los requisitos siguientes: a).- Que la incapacidad temporal del trabajador se haya extinguido por habérsele reconocido a éste alguno de los grados de invalidez antes citados (IPT, IPA o gran invalidez). b).- Que sea previsible que el trabajador, dentro de los años siguientes a la fecha de la resolución que declara dicha invalidez, mejore de sus padecimientos y secuelas, hasta el punto de que su grado de incapacidad pueda ser revisado a la baja y además se pueda reincorporar a su trabajo».

Interpretando el art. 7.º del RD 1.300/95 de 21 de julio, «Esta imposibilidad de modificar la resolución administrativa o judicial inicial (declaración inicial de invalidez), que declara una invalidez permanente total o absoluta y que ha adquirido firmeza, con respecto a la subsistencia de la suspensión de la relación laboral y consiguiente reserva del puesto de trabajo, implica dos consecuencias que es necesario resaltar, la primera que si no fue declarada la previsión de revisión por mejoría el trabajador perdió definitivamente el derecho a la reserva del puesto de trabajo, la segunda que el INSS no puede acordar la revisión por mejora hasta transcurridos dos años desde que fue declarada la invalidez, lo contrario significaría variar en contra del trabajador, el derecho que le reconoce el art. 48.2 del ET . Pero esta imposibilidad del INSS de no acordar la mejora en dos años no le priva de sus funciones con respecto a posibles revisiones de la invalidez reconocida en plazos superiores o inferiores, pero limitada a la previsión del art. 143 de la LGSS».

JURISPRUDENCIA

STS, rec. 2341/2008, de 28 de mayo de 2009, ECLI:ES:TS:2009:5324

No constituye despido la negativa empresarial a readmitir al trabajador que es declarado no inválido en resolución administrativa dictada una vez transcurrido el plazo de suspensión de 2 años que fija el art. 48.2 del ET.

STS, rec. 3645/2000, de 17 de julio de 2001, ECLI:ES:TS:2001:6276

El derecho de suspensión de la relación laboral con reserva de puesto de trabajo (art. 48.2 del ET) está condicionado a que la revisión por mejoría sea reconocida en la resolución inicial que declara la invalidez permanente.

3.2. Incapacidad temporal

La incapacidad temporal se define como toda alteración en el estado de salud del asegurado que le impida temporalmente, de manera clínicamente explicable, el ejercicio de la actividad laboral o profesional de forma total. A ese proceso se asocia una **prestación económica** que trata de cubrir la falta de ingresos que se produce cuando el trabajador, debido a una enfermedad o accidente, está **imposibilitado temporalmente** para trabajar y precisa asistencia sanitaria de la Seguridad Social.

Históricamente, el art. 169 de la LGSS venía definiendo las situaciones de incapacidad temporal como las debidas a enfermedad común o profesional y a accidente, sea o no de trabajo, mientras el trabajador reciba asistencia sanitaria de la Seguridad Social y esté impedido para el trabajo o por los períodos de observación por enfermedad profesional en los que se prescriba la baja en el trabajo durante los mismos. Así pues, para que exista legalmente una situación de IT, resultaba necesario que se diesen las siguientes circunstancias de forma conjunta o acumulativa:

– Que exista una alteración de la salud de la persona trabajadora, por causa de enfermedad (común o profesional) o por un accidente (común o de trabajo).

– Que la persona trabajadora esté ciertamente impedida para el trabajo.

– Que la persona trabajadora reciba asistencia sanitaria de los Servicios Públicos de salud.

Por tanto, lo decisivo, a estos efectos, es el juicio médico sobre si la alteración de la salud del trabajador lo incapacita (o no) para realizar su trabajo y no tanto la existencia de una alteración de la salud. «(...) De hecho hay enfermedades o accidentes que no inhabilitan para el trabajo y no exigen por tanto la baja del trabajador, no pudiendo en tal caso reconocerse la situación de incapacidad temporal» (**STSJ de Asturias, rec. 1649/2009, de 11 de septiembre de 2009, ECLI:ES:TSJAS:2009:3814**).

La prestación por incapacidad temporal se regula en los arts. 169-176 de la Ley General de la Seguridad Social.

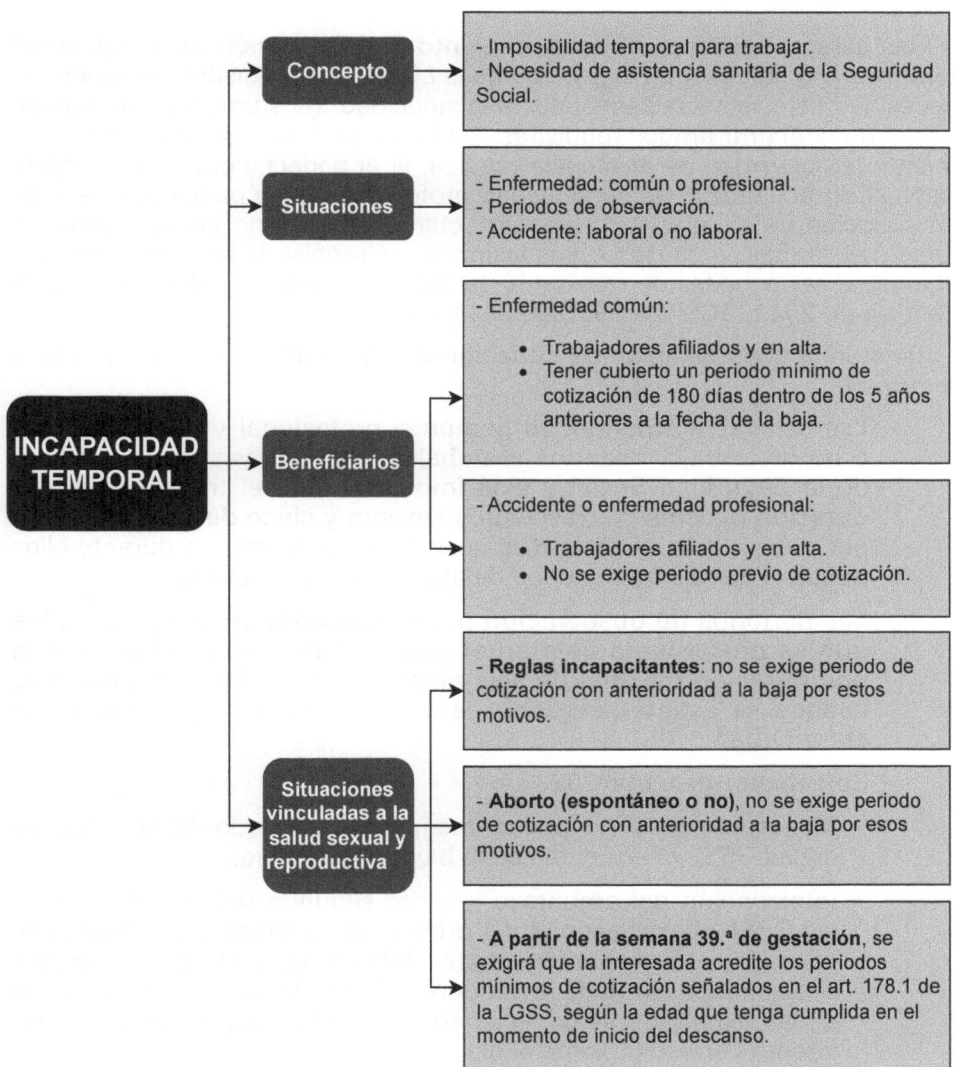

Aspectos esenciales de la prestación por incapacidad temporal

‖ Reconocimiento y situaciones determinantes de incapacidad temporal

Con carácter general, el **reconocimiento de la situación de incapacidad temporal** requiere, según el art. 169 de la LGSS, dos requisitos como son: la necesidad de asistencia sanitaria y la incapacidad transitoria para el trabajo, debiendo concurrir ambos requisitos. No basta para acceder a tal reconocimiento la necesidad de asistencia médica, si el padecimiento no le impide trabajar en el ejercicio de su actividad profesional; ni se puede permanecer en situación de incapacidad temporal, cuando pese a no poder reincorporarse a su trabajo a causa de sus lesiones, no precisa la asistencia médica alguna, al ser aquellas permanentes. **(STSJ de Galicia n.º 2004/2011, de 6 de abril de 2011, ECLI:ES:TSJGAL:2011:2917).**

Tendrán la **consideración de situaciones determinantes de incapacidad temporal:**

- Las debidas a **enfermedad común o profesional y accidente, sea o no de trabajo, mientras el trabajador reciba asistencia sanitaria de la Seguridad Social y esté impedido para el trabajo, con una duración máxima de trescientos sesenta y cinco días,** prorrogables por otros ciento ochenta días cuando se presuma que durante ellos puede el trabajador ser dado de alta médica por curación.

- Los **períodos de observación por enfermedad profesional en los que se prescriba la baja en el trabajo durante los mismos, con una duración máxima de seis meses,** prorrogables por otros seis cuando se estime necesario para el estudio y diagnóstico de la enfermedad.

- Con efectos de 01/06/2023:

  • **Menstruaciones incapacitantes** [párrafo segundo del art. 169.1.a) de la LGSS], desde el día de la baja en el trabajo.

  • **Interrupción del embarazo** [párrafo segundo del art. 169.1.a) de la LGSS] y **baja desde el día primero de la semana trigésima novena** [párrafo tercero del artículo 169.1.a) de la LGSS], el subsidio se abonará a cargo de la Seguridad Social desde el día siguiente al de la baja en el trabajo, estando a cargo del empresario el salario íntegro correspondiente al día de la baja.

> **A TENER EN CUENTA.** A efectos del período máximo de duración de la situación de incapacidad temporal que se señala, y de su posible prórroga, se computarán los de recaída y de observación. No obstante, en el caso de las bajas por menstruación incapacitante cada proceso será tratado como un supuesto independiente.

JURISPRUDENCIA

STS n.º 90/2018, 2 de febrero de 2018, ECLI:ES:TS:2018:576

Analizando un proceso de incapacidad que se inicia tras la terminación de otro anterior, durante el cual se produjo la extinción del contrato de trabajo, el ET entiende que no concurre el requisito de estar en situación de alta o asimilada «(...) siquiera la existencia de un potencial derecho a prestaciones por desempleo alteraría esa doctrina [STS de 18-9-2002 (Rec. 3184/2001) y 19-9-2003 (Rec. 3576/2002)], pues aunque la prestación de desempleo se hubiera solicitado dentro del plazo de quince días, el derecho a la misma se retrotraería, según el artículo 209.1 de la Ley General de la Seguridad Social, al momento inicial de la situación protegida, (terminación del primer proceso de incapacidad temporal con el contrato ya extinguido), fecha en la que todavía no se había iniciado el segundo proceso de incapacidad, con lo que este sería ya un proceso de incapacidad temporal "dentro" de la situación protegida de desempleo, supuesto del artículo 222.2 de la Ley General de la Seguridad Social y no del artículo 222.1 de dicha Ley, con la diferencia de que en el caso del número 1 no se deduce el periodo de incapacidad temporal de la duración máxima de la prestación de desempleo y el del número 2, sí».

Y se añade en la referida sentencia de esta sala que «(...) si tuviese derecho a las prestaciones de desempleo —lo que no consta— tendría que haber solicitado esta prestación e instar luego el reconocimiento de la prestación de incapacidad temporal en las condiciones del artículo 222.2 de la Ley General de la Seguridad Social y no de forma autónoma, pero, como no ha solicitado la prestación de desempleo, ni consta que tuviera derecho a la misma, no se encuentra en la situación asimilada al alta del artículo 125.1 de la Ley General de la Seguridad Social».

‖ Beneficiarios y requisitos de la prestación por incapacidad temporal

Los **beneficiarios y requisitos de la prestación por incapacidad temporal** se regulan en los arts. 169-172 de la LGSS. Serán beneficiarios del subsidio por incapacidad temporal las personas incluidas en el RGSS que se encuentren en cualquiera de las situaciones determinantes de incapacidad temporal, siempre que estén afiliadas y en alta en dicho régimen o en situación asimilada a la de alta al sobrevenir la contingencia o situación protegida, y acrediten los siguientes períodos mínimos de cotización:

– En caso de enfermedad común, ciento ochenta días dentro de los cinco años inmediatamente anteriores al hecho causante.

– En caso de accidente, sea o no de trabajo, y de enfermedad profesional, no se exigirá ningún período previo de cotización.

– Con efectos de 01/06/2023:

  • **Menstruaciones incapacitantes e interrupción del embarazo** [párrafo segundo art. 169.1.a) de la LGSS], no se exigirán periodos mínimos de cotización.

  • **Baja desde el día primero de la semana trigésima novena** [párrafo tercero del artículo 169.1.a) de la LGSS], se exigirá que la interesada acredite los periodos mínimos de cotización señalados en el art. 178.1 de la LGSS, según la edad que tenga cumplida en el momento de inicio del descanso.

Requisitos de los trabajadores para el acceso a la prestación por incapacidad temporal	**Periodo mínimo de cotización**	Enfermedad común	Tener cubierto un periodo mínimo de cotización de 180 días dentro de los 5 años anteriores a la fecha de la baja.
			Nuevas situaciones vinculadas a la salud sexual y reproductiva, según se especifica en el art. 172 de la LGSS.
		Enfermedad profesional y accidente (laboral o no)	No se exige periodo previo de cotización.
		Situaciones asimiladas a la de alta	Mismos efectos que un alta efectiva en la Seguridad Social respecto al devengo de la prestación.
			– AT Y EP: a pesar de que el empresario haya incumplido sus obligaciones. – Situación de desempleo total. Mientras se percibe la prestación por desempleo el nivel contributivo. – Período de vacaciones anuales retribuidas y no disfrutadas a la finalización del contrato de trabajo. – Períodos de reincorporación al trabajo de los trabajadores fijos discontinuos. Si al momento en que corresponda su llamamiento por antigüedad se encuentran en IT. – Convenio especial de diputados, senadores, así como gobernantes y parlamentarios de comunidades autónomas. – Trabajadores al servicio de empresas españolas. Trasladados fuera del territorio nacional. – Situación de IT por enfermedad común (aunque ya se haya extinguido el contrato). – Situación de excedencia para cuidado de hijos, durante los dos años de vigencia (y la extensión que corresponda en caso de familia numerosa).

Requisitos de los trabajadores para el acceso a la prestación por incapacidad temporal	**Trabajadores contratados a tiempo parcial**	Arts. 245-248 de la LGSS	Reglas especiales para el cómputo de las cotizaciones a efectos de acreditar el período de carencia.
	Estar al corriente de pago		Los trabajadores incluidos en el Régimen General no tienen obligación de demostrar que se encuentran al corriente en el pago de cuotas.
	Parte médico de baja, confirmación y alta		El derecho a la prestación económica por incapacidad temporal está condicionado a la existencia del correspondiente parte de baja médica y a su oportuna tramitación.
	Períodos considerados como de cotización efectiva		Se computarán como cotizados los periodos de maternidad o paternidad que subsistan a la fecha de extinción del contrato de trabajo, o que se inicie durante la percepción de la prestación por desempleo (art. 165 de la LGSS), iniciados a partir de la indicada fecha o disfrutados a partir de ese momento si se trata de períodos iniciados con anterioridad.

JURISPRUDENCIA

STS, rec. 4037/2003, de 22 de julio de 2004, ECLI:ES:TS:2004:5469

Responsabilidad en el pago de prestaciones en **incapacidad temporal iniciada con posterioridad a un despido declarado improcedente**, optando la empresa por la indemnización. Se estima que el Instituto Nacional de la Seguridad Social es el responsable del pago de una prestación por incapacidad temporal iniciada con posterioridad a un despido declarado improcedente, una vez que la empresa optó por la indemnización, dando de alta al trabajador y cotizando por el periodo comprendido entre el despido y ese momento de opción. El supuesto estudiado por el Alto Tribunal es el de un trabajador que inicia una situación de incapacidad temporal en un momento posterior al día de su despido, fecha en que la empresa le da de baja en Seguridad Social y deja de cotizar por él y la posterior sentencia de improcedencia de despido es firme regularizándose la situación inicial, por lo que aquel debe ser considerado realmente en alta en la Seguridad Social, pese a la baja formal que dio la empresa. Por ello, será el Instituto Nacional de la Seguridad Social quien deba responder directamente del pago del subsidio con exoneración de la empresa, puesto que la decisión extintiva del empresario ejercitada mediante despido le autoriza a dar de baja al trabajador en la Seguridad Social, sin perjuicio de las consecuencias que puedan producirse con eficacia retroactiva en caso de declaración de nulidad o improcedencia del despido respecto de los salarios dejados de percibir y de las cotizaciones que por los mismos han de ingresarse en la Seguridad Social, de manera que esta debe abonar el subsidio por incapacidad temporal durante tal período y percibir del empresario las cotizaciones correspondientes a todos los salarios de tramitación.

|| Cuantía y base reguladora de la prestación por incapacidad temporal

La prestación económica en las diversas situaciones constitutivas de incapacidad laboral transitoria consistirá en un subsidio equivalente a un tanto por ciento sobre la base reguladora.

La determinación de la cuantía de la base reguladora para la prestación por IT depende del salario del mes anterior a la baja y varía según la causa de la incapacidad temporal sea una contingencia común o profesional, así como según se cobre el salario por meses o por días:

– **Base reguladora para la prestación por incapacidad temporal derivada de enfermedad común o accidente no laboral**: el resultado de dividir el importe de la base de cotización por contingencias comunes (BCCC) en el mes anterior a la IT por el número de días a que dicha cotización se refiere (30 días en caso de percibir salario mensual o 28, 29, 30 o 31 días en caso de percibir salario diario).

– **Base reguladora para la prestación por incapacidad temporal derivada de accidente laboral o enfermedad profesional**: la BR en los supuestos de accidente de trabajo o enfermedad profesional se obtiene por adición de dos sumandos [en caso de accidente, sea o no de trabajo, y de enfermedad profesional, no se exigirá ningún período previo de cotización (art. 172 de la LGSS)]:

   • La base de cotización por contingencias profesionales del mes anterior, sin horas extraordinarias, dividida por el número de días a que corresponda dicha cotización.

   • La cotización por horas extraordinarias del año natural anterior, dividida entre 365 días, salvo que la antigüedad en la empresa sea inferior, en cuyo caso, se expresará el número de días de alta laboral en la empresa excluidos los del mes de la baja.

- Porcentaje aplicable a la base reguladora:

Contingencia	Días de prestación	% Base reguladora	Dentro del RGSS y para trabajadores por cuenta ajena, la prestación irá a cargo de:
Enfermedad común o accidente no laboral – Se computan tanto el día de la baja como el de alta	Entre el 1.º y el 3.º	0	…
	Entre el 4.º y el 15.º	60 % BR	Empresario
	Entre el 16.º y el 20.º	60 % BR	INSS
	Desde el día 21.º en adelante.	75 % BR	INSS
Enfermedad profesional o accidente de trabajo – Se devengará al día siguiente del AT	Desde el día siguiente a la baja – El empresario será el encargado de abonar el día de la baja	75 % BR	Mutua

> **A TENER EN CUENTA.** Con efectos de 01/06/2023, el subsidio por incapacidad temporal por menstruación incapacitante secundaria se abona a cargo de la Seguridad Social desde el día de la baja en el trabajo. En los otros dos supuestos (interrupción del embarazo y gestación desde la semana 39.ª), el subsidio se abonará a cargo de la Seguridad Social desde el día siguiente al de la baja en el trabajo, estando a cargo del empresario el salario íntegro correspondiente al día de la baja.

‖ Duración y pago de la prestación por incapacidad temporal

La duración y pago de la prestación por incapacidad temporal se regulan en los art. 173-176 de la LGSS.

La prestación se abonará mientras el beneficiario se encuentre en situación de incapacidad temporal, debida a enfermedad común o profesional y accidente, sea o no de trabajo, y tendrá una duración máxima de trescientos sesenta y cinco días (12 meses), prorrogables por otros ciento ochenta días (6 meses) cuando se presuma que durante ellos puede el trabajador ser dado de alta médica por curación [art. 169.1. a) de la LGSS].

Contingencias incapacidad temporal	Duración de la situación
Enfermedad común y accidente no laboral	365 días + 180 días de prórroga. Cuando se presuma que, durante ellos, el trabajador pueda ser dado de alta médica por curación (545 días en total).
Enfermedad profesional y accidente no laboral	365 días + 180 días de prórroga. Cuando se presuma que, durante ellos, el trabajador pueda ser dado de alta médica por curación (545 días en total).
Periodo de observación	6 meses + 6 meses. Cuando se estime necesario para el estudio y diagnóstico de la enfermedad.
Situaciones vinculadas a la salud sexual y reproductiva	Desde la emisión de la baja hasta la alta. En el caso de la IT por gestación de la mujer trabajadora desde el día primero de la semana trigésima novena: desde que se inicie la baja laboral hasta la fecha del parto, salvo que la trabajadora hubiera iniciado anteriormente una situación de riesgo durante el embarazo, supuesto en el cual permanecerá percibiendo la prestación correspondiente a dicha situación en tanto esta deba mantenerse (art. 173.2 de la LGSS).

La prestación la efectuará la empresa con la misma periodicidad que los salarios, en virtud de la colaboración de las empresas en la gestión del Régimen General de la Seguridad Social y corre a cargo de:

- Instituto Nacional de la Seguridad Social.
- Mutua de accidentes de trabajo y enfermedades profesionales de la Seguridad Social.

- Instituto Social de la Marina.
- Empresa autorizada para colaborar en la gestión.

En los supuestos de enfermedad común o de accidente no laboral, el abono del subsidio entre los **días 4.º a 15.º** (ambos incluidos) de baja en el trabajo **correrán a cargo del empresario,** como responsabilidad directa establecida legalmente. En caso de impago, el Instituto Nacional de la Seguridad Social, como entidad gestora, es responsable subsidiaria respecto de la empresa.

A partir del día 16.º de baja, la responsabilidad del abono incumbe al **Instituto Nacional de la Seguridad Social o a la Mutua de Accidentes de Trabajo y Enfermedades Profesionales de la Seguridad Social,** en su caso, aunque la empresa continúe abonando la prestación en concepto de «pago delegado» (compensando su importe en concepto del pago de cuotas [art. 102.c de la LGSS].

El abono de la prestación económica lo efectúa la empresa **con la misma periodicidad que los salarios,** en virtud de la **colaboración obligatoria** de las empresas en la gestión del Régimen General de la Seguridad Social, descontando del importe del subsidio la retención por IRPF y las cuotas a la Seguridad Social.

Agotado el **plazo de duración de trescientos sesenta y cinco días** indicado, el Instituto Nacional de la Seguridad Social será el único competente para (art. 170 de la LGSS):

- Reconocer la situación de prórroga expresa con un límite de ciento ochenta días más.
- Determinar la iniciación de un expediente de incapacidad permanente.
- Emitir el alta médica, por curación o por incomparecencia injustificada a los reconocimientos médicos convocados por el Instituto Nacional de la Seguridad Social. En este supuesto, **cesará la colaboración obligatoria de las empresas en el pago de la prestación el día en que se dicte dicha resolución, abonándose directamente por la entidad gestora o la mutua colaboradora con la Seguridad Social el subsidio correspondiente** durante el periodo que transcurra entre la fecha de la citada resolución y su notificación al interesado. Las empresas que colaboren en la gestión de la prestación económica por incapacidad temporal conforme a lo previsto en el apdo. 1, a) o b), del art. 102 de la LGSS vendrán igualmente obligadas al pago directo de la prestación correspondiente al referido periodo.
- Emitir una nueva baja médica en la situación de incapacidad temporal producida, por la misma o similar patología, en los ciento ochenta días naturales posteriores a la citada alta médica.

Respecto a las **nuevas situaciones de incapacidad temporal en vigor desde el 1 de junio de 2023:**

- Menstruaciones incapacitantes e interrupción del embarazo [párrafo segundo del art. 169.1.a) de la LGSS], el subsidio se abonará mientras el beneficiario se encuentre en situación de incapacidad temporal. La norma no establece un número de días concreto. En los procesos por menstruación incapacitante secundaria no se aplica la consideración de recaída (cada proceso se considerará nuevo sin computar a los efectos del período máximo de duración de la situación de IT, y de su posible prórroga).

– Baja desde el día primero de la semana trigésima novena [párrafo tercero del artículo 169.1.a) de la LGSS], el subsidio se abonará desde que se inicie la baja laboral hasta la fecha del parto, salvo que la trabajadora hubiera iniciado anteriormente una situación de riesgo durante el embarazo, supuesto en el cual permanecerá percibiendo la prestación correspondiente a dicha situación en tanto ésta deba mantenerse.

¿QUÉ PASA SI AGOTAS EL PLAZO DE LA INCAPACIDAD TEMPORAL?

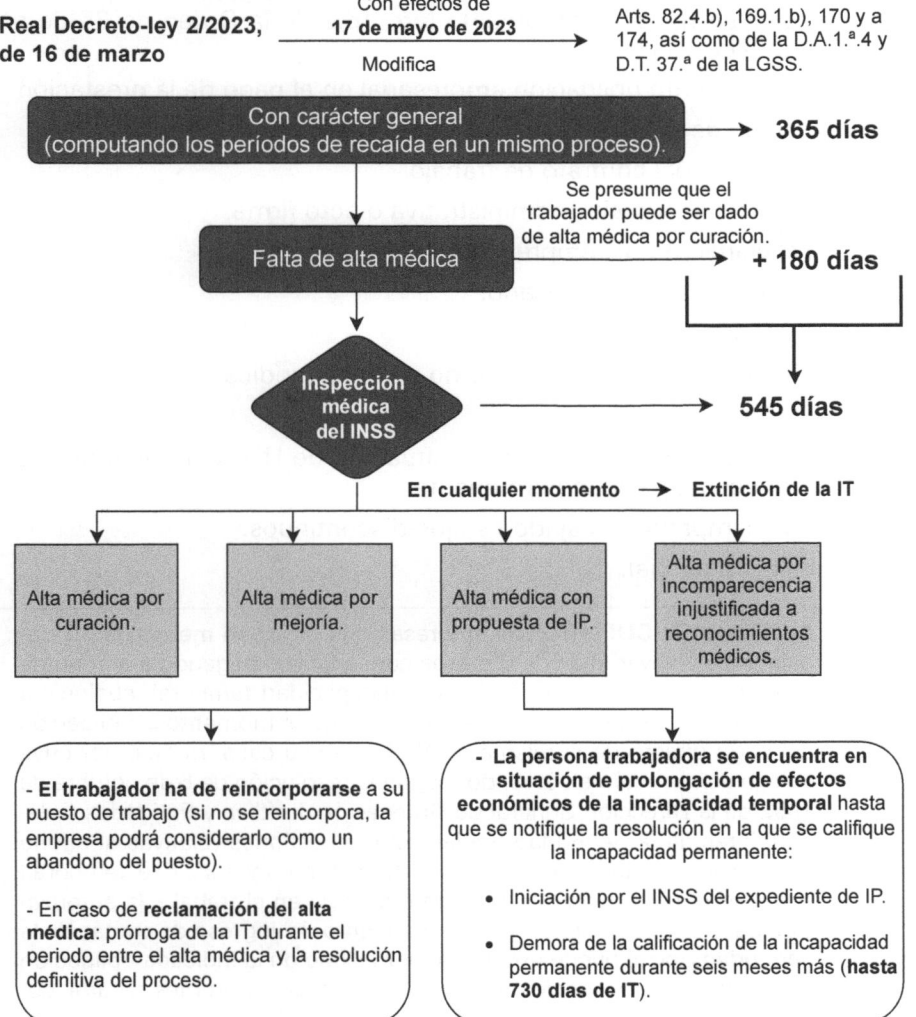

Real Decreto-ley 2/2023, de 16 de marzo

Con efectos de **17 de mayo de 2023**

Modifica

Arts. 82.4.b), 169.1.b), 170 y a 174, así como de la D.A.1.ª.4 y D.T. 37.ª de la LGSS.

Con carácter general (computando los períodos de recaída en un mismo proceso). → **365 días**

Falta de alta médica

Se presume que el trabajador puede ser dado de alta médica por curación. → **+ 180 días**

Inspección médica del INSS → **545 días**

En cualquier momento → Extinción de la IT

Alta médica por curación.

Alta médica por mejoría.

Alta médica con propuesta de IP.

Alta médica por incomparecencia injustificada a reconocimientos médicos.

- **El trabajador ha de reincorporarse** a su puesto de trabajo (si no se reincorpora, la empresa podrá considerarlo como un abandono del puesto).

- En caso de **reclamación del alta médica**: prórroga de la IT durante el periodo entre el alta médica y la resolución definitiva del proceso.

- **La persona trabajadora se encuentra en situación de prolongación de efectos económicos de la incapacidad temporal** hasta que se notifique la resolución en la que se califique la incapacidad permanente:

• Iniciación por el INSS del expediente de IP.

• Demora de la calificación de la incapacidad permanente durante seis meses más (**hasta 730 días de IT**).

‖ Pago delegado

La colaboración obligatoria consiste en el pago por la empresa a sus trabajadores, a cargo de la entidad gestora o colaboradora, de las prestaciones económicas, compensándose su importe en la liquidación de las cotizaciones sociales que aquella debe ingresar.

‖ Pago directo

El pago directo de la incapacidad temporal consiste en el abono del subsidio por incapacidad temporal realizado por el INSS o la mutua a favor del trabajador en:

– Supuestos excluidos de pago delegado.

– Empresas de menos de diez trabajadores que lleven más de seis meses consecutivos abonando a uno de ellos una prestación por IT que lo soliciten reglamentariamente (art. 16.2 de la Orden de 25 de noviembre de 1966).

– Incumplimiento obligación empresarial en el pago de la prestación.

– Extinción de la relación laboral durante la situación de IT:

• Extinción del contrato de trabajo.

• Resolución judicial, administrativa o acto firme.

• Fallecimiento del empresario.

• Jubilación del empresario.

• Invalidez del empresario.

• Extinción del empresario como persona jurídica.

• Despido.

– Por agotar el plazo máximo en situación de IT o por inicio de expediente de incapacidad permanente.

– Fin de campaña, trabajadores fijos-discontinuos.

– Jubilación parcial.

> **A TENER EN CUENTA.** Las empresas que emplean menos de 10 trabajadores y llevan más de 6 meses consecutivos pagando a alguno de ellos una prestación económica por incapacidad temporal, cualquiera que sea su causa, pueden trasladar en cualquier momento la obligación del pago directo de la misma al INSS o, en su caso, mutua, por cuya delegación lo están efectuando. Según la resolución de 6 de octubre de 1992 de la Dirección General de Ordenación Jurídica y Entidades Colaboradoras de la Seguridad Social, sobre cuestiones relativas al abono del subsidio de incapacidad laboral transitoria (incapacidad temporal) entre los días cuarto y decimoquinto de baja en el trabajo, la autorización para el aplazamiento o fraccionamiento del ingreso de cuotas de la Seguridad Social puede exceptuar, el traslado de la indicada obligación debe tener efecto coincidiendo con el comienzo de un mes natural, co-

municarse a la entidad correspondiente con una antelación mínima de 15 días y no exime a la empresa de la obligación del pago a su cargo del subsidio, por contingencias comunes, entre los días 4.º y 15.º

CUESTIÓN

¿Qué sucederá en caso de extinción de la relación laboral durante la situación de incapacidad temporal?

En el caso de que se extinga la relación laboral estando en la situación de IT (incapacidad temporal), el trabajador seguirá percibiendo la prestación por incapacidad temporal en cuantía igual a la prestación por desempleo en pago directo por parte de la mutua. En todo caso, se descontará del periodo de percepción de la prestación de desempleo, como ya consumido, el tiempo que hubiera permanecido en la situación de IT (apdo. 1 del art. 283 de la LGSS). (STS n.º 989/2023, de 22 de noviembre de 2023, ECLI:ES:TS:2023:4918).

JURISPRUDENCIA

STS, rec. 1225/2000, de 27 de febrero de 2001, ECLI:ES:TS:2001:1512

Responsabilidad de la mutua patronal y no del INSS en relación con una incapacidad temporal iniciada antes de la opción empresarial para que la gestión de la prestación sea asumida por una mutua.

Extinción, pérdida o suspensión de la prestación por incapacidad temporal

La extinción del derecho a la IT se produce por el transcurso del plazo máximo establecido, por alta médica del trabajador, por acceder a la pensión de jubilación, por incomparecencia injustificada a exámenes o reconocimientos médicos, o por fallecimiento del beneficiario. La pérdida o suspensión, de forma generalizada, se produce ante la actuación fraudulenta del beneficiario, el rechazo o abandono del tratamiento o el trabajo por cuenta propia o ajena.

A efectos de determinar la duración del subsidio, se computarán los períodos de recaída en un mismo proceso. Se considerará que existe recaída en un mismo proceso cuando se produzca una nueva baja médica por la misma o similar patología dentro de los ciento ochenta días naturales siguientes a la fecha de efectos del alta médica anterior.

El derecho al subsidio por incapacidad temporal podrá ser denegado, anulado o suspendido cuando el beneficiario (art. 175 de la LGSS):

- Actúe fraudulentamente para la obtención o conservación de la prestación.

- Trabaje por cuenta propia o ajena.

- Sin causa razonable rechace o abandone el tratamiento que le fuere prescrito.

- Ante la incomparecencia del beneficiario a cualquiera de las convocatorias realizadas por los médicos adscritos al INSS y a las mutuas para examen y reconocimiento médico, se suspenderá cautelarmente la prestación al objeto de comprobar si aquella fue o no justificada.

CUESTIÓN

¿Toda actividad desarrollada en tiempo de baja justifica un despido disciplinario?

No toda actividad desarrollada en tiempo de baja justifica un despido disciplinario, sino solo aquella que perjudica la recuperación de la aptitud laboral del trabajador o la que evidencia por sí aptitud laboral, manifestando la misma el carácter fraudulento del proceso de incapacidad temporal. (STSJ de País Vasco n.º 854/2002, de 9 de abril de 2002, ECLI:ES:TSJPV:2002:1879).

RESOLUCIÓN RELEVANTE

STSJ de Cataluña n.º 4670/2013, de 2 de julio de 2013, ECLI:ES:TSJCAT:2013:7381

Extinción del derecho al subsidio de incapacidad temporal por incomparecencia injustificada a cualquiera de las convocatorias para los exámenes y reconocimientos establecidos por los médicos adscritos al Instituto Nacional de la Seguridad Social o a la Mutua de Accidentes de Trabajo y Enfermedades Profesionales de la Seguridad Social: «la actuación gestora que incumbe a la mutua patronal en orden a la contingencia de incapacidad temporal legitima plenamente y sin necesidad del cumplimiento de cualquier otra formalidad (sostiene el Alto Tribunal) la extinción del derecho al subsidio correspondiente, cuando resulte acreditada la incomparecencia injustificada del trabajador en baja al acto de reconocimiento y control médico para el que ha sido debidamente citado (...) pese al hecho de que la incomparecencia no necesariamente implique —en el estricto terreno clínico— que hayan dejado de concurrir los requisitos de la contingencia».

Suspensión del contrato de trabajo ante incapacidad temporal de los trabajadores

El art. 45.1.c) del ET establece como causa se suspensión del contrato de trabajo la «incapacidad temporal de los trabajadores».

Al margen de las características propias de la prestación por incapacidad temporal, su duración y extinción ya analizadas (art. 169. de la LGSS), sobre la suspensión del contrato por esta causa podemos destacar:

– Esta situación **tiene una duración máxima de 12 meses, prorrogables por otros 6** (cuando se presuma que durante ellos el trabajador pueda ser dado de alta médica).

– Las **recaídas en procesos de incapacidad temporal** se considerarán cuando se produzca una nueva baja médica por la misma o similar patología dentro de los ciento ochenta días naturales siguientes a la fecha de efectos de alta médica anterior. Existen 3 casos en los que el INSS considerará la recaída. (*Incapacidad temporal. Paso a paso*. Editorial Colex. 2023):

  • Recaída en procesos de incapacidad temporal tras una alta médica emitida por el INSS antes de los 365 días de IT (art. 170.1 de la LGSS).

  • Recaída en procesos de incapacidad temporal tras una alta médica emitida a partir de los 365 días de IT (art. 170.2 de la LGSS).

- Recaída posterior al alta transcurridos 545 días de IT con o sin declaración de incapacidad permanente (art. 174.3 de la LGSS).

– La **reincorporación al puesto de trabajo se producirá cuando el trabajador sea dado de alta por curación**. La emisión del parte de alta por parte del facultativo conlleva la extinción del proceso de la incapacidad temporal y la obligación del trabajador a reincorporarse a su puesto de trabajo con efectos del día siguiente al de su emisión. (STSJ de Cataluña, rec. 6038/2019, de 14 de enero de 2020, ECLI:ES:TSJCAT:2020:97).

JURISPRUDENCIA

STS n.º 276/2023, de 17 de abril, ECLI:ES:TS:2023:1566

Son constitutivas de despido procedente las ausencias al puesto de trabajo tras haberse expedido por el INSS el alta médica, en un proceso de IT que no agota los 365 días de duración, aunque contra aquella se presente reclamación previa administrativa y se acuda al puesto de trabajo una vez desestimada dicha reclamación.

– La emisión del **parte médico de baja** es el acto que origina la iniciación de las actuaciones conducentes al reconocimiento del derecho al subsidio por incapacidad temporal. La declaración de la baja médica, en los procesos de incapacidad temporal, cualquiera que sea la contingencia determinante, se formulará en el correspondiente parte médico de baja expedido por el médico del servicio público de salud que haya efectuado el reconocimiento del trabajador afectado. Desde el 01/04/2023, el Instituto Nacional de la Seguridad Social comunicará a la empresa —por medios electrónicos a través del fichero «INSS EMPRESAS» del sistema de Remisión Electrónica de Datos (RED) y como máximo en el día hábil siguiente al de su recepción en dicho Instituto— los datos identificativos de carácter meramente administrativo relativos a los partes médicos de baja, confirmación y alta emitidos por los facultativos del servicio público de salud o de la mutua (art. 7.2 y 7.4 del Real Decreto 625/2014, de 18 de julio).

– En el supuesto de incapacidad temporal, producida la extinción de esta situación con declaración de **invalidez permanente en los grados de incapacidad permanente total para la profesión habitual, absoluta para todo trabajo o gran invalidez**, cuando, a juicio del órgano de calificación, la situación de incapacidad del trabajador vaya a ser previsiblemente objeto de revisión por mejoría que permita su reincorporación al puesto de trabajo, subsistirá la suspensión de la relación laboral, con reserva del puesto de trabajo, durante un **período de dos años** a contar desde la fecha de la resolución por la que se declare la invalidez permanente (art. 48.2 del ET).

– La persona trabajadora que se encuentre en situación de incapacidad temporal deberá someterse a **reconocimientos médicos** por parte del Instituto Nacional de la Seguridad Social (ISM) o las mutuas, con el fin de comprobar su situación. En caso de no acudir al mismo, se procederá a suspender cautelarmente la prestación económica, y si la falta de personación no queda justificada en el plazo de diez días hábiles, se procederá a la extinción del derecho al subsidio. Si el trabajador justifica su incomparecencia dentro de los plazos indicados, la entidad gestora o mutua procederá a rehabilitar el pago de la prestación con efectos desde la fecha en que quedó suspendida.

El derecho al subsidio, y por lo tanto a la suspensión del contrato, se extinguirá por el transcurso del plazo máximo de quinientos cuarenta y cinco días naturales desde la baja médica; por alta médica por curación o mejoría que permita al trabajador realizar su trabajo habitual; por ser dado de alta el trabajador con o sin declaración de incapacidad permanente; por el reconocimiento de la pensión de jubilación; por la incomparecencia injustificada a cualquiera de las convocatorias para los exámenes y reconocimientos establecidos por los médicos adscritos al Instituto Nacional de la Seguridad Social o a la mutua colaboradora con la Seguridad Social; o por fallecimiento (art. 174 de la LGSS).

3.3. Suspensiones por motivos de conciliación y corresponsabilidad

Los trabajadores tienen derecho a permisos y suspensiones por motivos de conciliación y corresponsabilidad, incluyendo permisos retribuidos, reducción de jornada por motivos familiares, suspensión del contrato por maternidad, riesgo durante el embarazo, adopción o acogimiento, excedencia por cuidados familiares, y otras medidas para promover la igualdad de oportunidades y la conciliación de la vida laboral, familiar y personal

3.3.1. Nacimiento, adopción, acogimiento o guarda con fines de adoptar

En los supuestos de nacimiento, adopción, guarda con fines de adopción o acogimiento, **la persona trabajadora podrá volver a su puesto de trabajo una vez termine el periodo de suspensión** que normativamente se establezca (art. 48.4, 5 y 6 del ET).

Este tipo de suspensión del contrato ha sido objeto de distintas reformas (Real Decreto-ley 5/2023, de 28 de junio, Ley 4/2023, de 28 de febrero, Real Decreto-ley 6/2019, de 1 de marzo, etc.) con la intención de potenciar la corresponsabilidad en la asunción de las responsabilidades y obligaciones familiares de ambos progenitores (Medidas de conciliación de la vida personal, laboral y familiar. Paso a paso. Colex. 2023), como se evidencia en aspectos como el cambio de denominación, esto es, la sustitución del «permiso de maternidad» y «permiso de paternidad» utilizadas por los textos jurídicos anteriores a la unificación de ambos en un «permiso por nacimiento», y el carácter intransferible del nuevo permiso (los derechos que analizaremos son individuales de cada persona trabajadora sin que sea posible transferirse su ejercicio al otro progenitor).

Nacimiento (parto y el cuidado de menor de doce meses)

El nacimiento, que comprende el parto y el cuidado de menor de doce meses, suspenderá el contrato de trabajo de la madre biológica y del otro progenitor durante **16 semanas, de las cuales serán obligatorias las seis semanas ininterrumpidas inmediatamente posteriores al parto, que habrán de disfrutarse a jornada completa** (art. 48.4 del ET). En paralelo, se genera una prestación con el objetivo de compensar a las personas trabajadoras ante la falta/disminución de ingresos como consecuencia de la suspensión su contrato de trabajo laboral (personas trabajadoras por cuenta ajena) o cese en la actividad (personas trabajadoras por cuenta propia o autónomos) para disfrutar de los periodos de descanso por nacimiento, la adopción, la guarda con fines de adopción y el acogimiento familiar.

La suspensión del contrato de cada uno de los progenitores por el cuidado de menor, una vez transcurridas las primeras seis semanas inmediatamente posteriores al parto, podrá distribuirse a voluntad de aquellos, en períodos semanales a disfrutar de forma acumulada o interrumpida y ejercitarse desde la finalización de la suspensión obligatoria posterior al parto hasta que el hijo o la hija cumpla doce meses. No obstante, la madre biológica podrá anticipar su ejercicio hasta cuatro semanas antes de la fecha previsible del parto. El disfrute de cada período semanal o, en su caso, de la acumulación de dichos períodos, deberá comunicarse a la empresa con una antelación mínima de quince días.

> **A TENER EN CUENTA.** A efectos de lo dispuesto en este apartado, el término de madre biológica incluye también a las personas trans gestantes.

La persona trabajadora deberá comunicar a la empresa, con una antelación mínima de quince días, el ejercicio de este derecho en los términos establecidos, en su caso, en los convenios colectivos. Cuando los dos adoptantes, guardadores o acogedores que ejerzan este derecho trabajen para la misma empresa, ésta podrá limitar el disfrute simultáneo de las diez semanas voluntarias por razones fundadas y objetivas, debidamente motivadas por escrito.

> **A TENER EN CUENTA.** El art. 177 de la LGSS otorga una prestación por nacimiento y cuidado de menor por nacimiento, adopción, guarda con fines de adopción y acogimiento familiar, durante los períodos de descanso que por tales situaciones se disfrutan de conformidad a los apartados 4, 5 y 6 del art. 48 del ET (y del art. 49, a), b) y c) del EBEP).

> **JURISPRUDENCIA**
>
> **STS n.º 189/2024, de 29 de enero del 2024, ECLI:ES:TS:2024:649 (aplicando doctrina de STS n.º 169/2023, de 2 de marzo, ECLI:ES:TS:2023:783)**
>
> Prestación de nacimiento y cuidado del menor en familia monoparental. Solicitud de reconocimiento de una nueva prestación, distinta a la ya reconocida, y coincidente con la que hubiera correspondido al otro progenitor. Denegación en aplicación de la normativa vigente que cumple las exigencias derivadas del Derecho de la Unión Europea, de la Constitución y de acuerdos y tratados internacionales. Es

al legislador a quien corresponde determinar el alcance y contenido de la protección que debe dispensarse a este tipo de familias. Aplica doctrina de, aclarada por auto de 22 de marzo de 2023

STS n.º 170/2024, de 26 de enero del 2024, ECLI:ES:TS:2024:679

Prestación de nacimiento y cuidado de menor cuyo padre está ingresado en prisión. Solicitud de reconocimiento de nueva prestación distinta a la ya reconocida y coincidente con la que hubiera correspondido al otro progenitor: no procede.

Discapacidad del hijo o hija o nacimiento, adopción, guarda con fines de adopción o acogimiento múltiple

En el supuesto de discapacidad del hijo o hija en el nacimiento, adopción, en situación de guarda con fines de adopción o de acogimiento, la suspensión del contrato tendrá una **duración adicional de dos semanas**, una para cada una de las personas progenitoras.

Igual ampliación procederá en el supuesto de nacimiento, adopción, guarda con fines de adopción o acogimiento múltiple por cada hijo o hija distinta del primero. En caso de haber una única persona progenitora, esta podrá disfrutar de las ampliaciones completas previstas para el caso de familias con dos personas progenitoras.

Parto prematuro o supuestos en los que el neonato deba permanecer hospitalizado a continuación del parto

En los casos de parto prematuro y en aquellos en que, por cualquier otra causa, el neonato deba permanecer hospitalizado a continuación del parto, **el periodo de suspensión podrá computarse, a instancia de la madre biológica o del otro progenitor, a partir de la fecha del alta hospitalaria**. Se excluyen de dicho cómputo las seis semanas posteriores al parto, de suspensión obligatoria del contrato de la madre biológica.

En los casos de parto prematuro con falta de peso y en aquellos otros en que el neonato precise, por alguna condición clínica, hospitalización a continuación del parto, por un periodo superior a siete días, el periodo de suspensión se ampliará en tantos días como el nacido se encuentre hospitalizado, con un máximo de trece semanas adicionales, y en los términos en que reglamentariamente se desarrolle.

La suspensión del contrato de trabajo, transcurridas las primeras seis semanas inmediatamente posteriores al parto, podrá disfrutarse en régimen de jornada completa o de jornada parcial, previo acuerdo entre la empresa y la persona trabajadora, y conforme se determine reglamentariamente.

La persona trabajadora deberá comunicar a la empresa, con una antelación mínima de quince días, el ejercicio de este derecho en los términos establecidos, en su caso, en los convenios colectivos. Cuando los dos progenitores que ejerzan este derecho trabajen para la misma empresa, la dirección empresarial podrá limitar su ejercicio simultáneo por razones fundadas y objetivas, debidamente motivadas por escrito.

Fallecimiento del hijo o hija

En el supuesto de fallecimiento del hijo o hija, **el periodo de suspensión no se verá reducido**, salvo que, una vez finalizadas las seis semanas de descanso obligatorio, se solicite la reincorporación al puesto de trabajo.

Adopción, de guarda con fines de adopción y de acogimiento

En los supuestos de adopción, de guarda con fines de adopción y de acogimiento, de acuerdo con el art. 45.1.d) del ET, la suspensión tendrá una duración de **dieciséis semanas** para cada adoptante, guardador o acogedor. **Seis semanas** deberán disfrutarse a jornada completa de forma obligatoria e ininterrumpida inmediatamente después de la resolución judicial por la que se constituye la adopción o bien de la decisión administrativa de guarda con fines de adopción o de acogimiento.

Las **diez semanas** restantes se podrán disfrutar en períodos semanales, de forma acumulada o interrumpida, dentro de los doce meses siguientes a la resolución judicial por la que se constituya la adopción o bien a la decisión administrativa de guarda con fines de adopción o de acogimiento. En ningún caso un mismo menor dará derecho a varios periodos de suspensión en la misma persona trabajadora. El disfrute de cada período semanal o, en su caso, de la acumulación de dichos períodos, deberá comunicarse a la empresa con una antelación mínima de quince días. La suspensión de estas diez semanas se podrá ejercitar en régimen de jornada completa o a tiempo parcial, previo acuerdo entre la empresa y la persona trabajadora afectada, en los términos que reglamentariamente se determinen.

En los supuestos de **adopción internacional**, cuando sea necesario el desplazamiento previo de los progenitores al país de origen del adoptado, el periodo de suspensión previsto para cada caso en este apartado, podrá iniciarse hasta cuatro semanas antes de la resolución por la que se constituye la adopción.

Como hemos adelantado, en el supuesto de discapacidad del hijo o hija en la adopción, en situación de guarda con fines de adopción o de acogimiento, la suspensión del contrato tendrá una duración adicional de dos semanas, una para cada uno de los progenitores. Igual ampliación procederá en el supuesto de nacimiento, adopción, guarda con fines de adopción o acogimiento múltiple por cada hijo o hija distinta del primero.

RESOLUCIONES RELEVANTES

STSJ del País Vasco n.º 74/2019, de 5 de febrero de 2019, ECLI:ES:TSJPV:2019:765

Se analiza el caso de un despido a los nueve meses y ocho días de la reincorporación de la trabajadora tras la suspensión de su contrato por maternidad aludiendo la disminución voluntaria y continuada del rendimiento. Declara el despido disciplinario nulo, reconocido improcedente por la empresa sin actividad probatoria, ante discriminación por razón de género o sexo, fijándose una indemnización de daños y perjuicios morales.

JURISPRUDENCIA

STS n.º 997/2022, 21 de diciembre de 2022, ECLI:ES:TS:2022:4943

El Tribunal Supremo reconoce el derecho a la prestación por maternidad a una mujer que adoptó al hijo biológico de su cónyuge, nacido a través de gestación subrogada, aunque el padre biológico había disfrutado de la prestación asociada a esa cualidad y a pesar de que ha habido convivencia familiar desde el nacimiento.

STS n.º 589/2019, de 16 de julio, ECLI:ES:TS:2019:2778

La suspensión del contrato por maternidad ha de computar como horas trabajadas para el devengo de complementos. Se considera discriminatoria la regulación de un complemento salarial para cuyo devengo era necesario trabajar un mínimo de horas sin excepcionar las ausencias relacionadas con la maternidad.

El TS considera discriminatoria la práctica empresarial consistente en no computar como horas efectivamente trabajadas a los efectos de devengo de los complementos salariales las ausencias al servicio por causa de maternidad, paternidad, riesgo durante el embarazo, riesgo durante la lactancia, adopción o acogimiento, declarando el derecho de los afectados al abono de las diferencias retributivas que de ello se deriven.

3.3.2. Riesgo durante embarazo o lactancia natural

Ante determinadas situaciones en el entorno laboral que puedan influir sobre el desarrollo del feto o el periodo de lactancia (estudiadas individualmente o establecidas por convenio), la TGSS reconocerá las prestaciones por riesgo durante el embarazo o lactancia natural, tal y como se regula en los artículos 186 a 189 de la Ley General de la Seguridad Social.

Riesgo durante el embarazo

En la prestación de riesgo durante el embarazo, la situación protegida es el período de suspensión del contrato de trabajo, nacido de la imposibilidad técnica o inexigibilidad del traslado del puesto de trabajo de la trabajadora embarazada cuando el puesto de trabajo ocupado habitualmente represente un riesgo para su salud o la del feto. Se trata de una situación configurada en el artículo 26 de la Ley de Prevención de Riesgos Laborales y que constituye la última medida a adoptar en tales casos de existencia de riesgo laboral para el estado biológico de la trabajadora, en relación de subsidiariedad con la adaptación de las condiciones de trabajo o, en su caso, el traslado de puesto y que opera cuando estas medidas no resultan suficientes o no puedan ser aplicadas (art. 187.1 de la LGSS). En tales casos, y por disposición expresa de los arts. 26.3 de la LPRL y 45.e) y 48.7 del ET, la trabajadora pasará a la situación de suspensión del contrato por riesgo durante el embarazo y permanecerá en la misma durante todo el tiempo que subsista el riesgo (artículo 31 del RD 295/2009, de 6 de marzo y STSJ Madrid n.º 204/2009, de 16 de marzo de 2009, ECLI:ES:TSJM:2009:9450).

Para las **trabajadoras por cuenta propia** (art. 40 del Real Decreto 295/2009, de 6 de marzo), se considera situación protegida aquella en que se encuentra la trabajadora embarazada durante el periodo de interrupción de la actividad profesional, en los supuestos en que el desempeño de la misma influya negativamente en su salud o en la del feto, y así se certifique por los servicios médicos de la entidad gestora o de la mutua de accidentes de trabajo y enfermedades profesionales de la Seguridad Social competente.

La prestación económica **nacerá** el día en que se inicie la suspensión del contrato de trabajo y finalizará el día anterior a aquel en que se inicie la suspensión del contrato de trabajo por maternidad, o el de reincorporación de la mujer trabajadora a su puesto de trabajo anterior o a otro compatible con su estado. (STSJ de Cataluña, rec. 2358/2013, de 27 de enero de 2014, ECLI:ES:TSJCAT:2014:649).

La **extinción** de la prestación puede producirse por las siguientes causas:

– Suspensión del contrato de trabajo por maternidad.

– Reincorporación de la mujer trabajadora a su puesto de trabajo anterior o a otro compatible con su estado.

– Extinción del contrato de trabajo en virtud de las causas legalmente establecidas.

– Interrupción del embarazo.

– Fallecimiento de la beneficiaria.

La suspensión del contrato paralela a la prestación finalizará el día en que se inicie la suspensión del contrato por parto o el lactante cumpla nueve meses, respectivamente, o, en ambos casos, cuando desaparezca la imposibilidad de la trabajadora de reincorporarse a su puesto anterior o a otro compatible con su estado (art. 48.7 del ET).

De conformidad con lo establecido en el artículo 175 de la Ley General de la Seguridad Social, el derecho al subsidio podrá ser **denegado, anulado o suspendido** siguiendo los supuestos de extinción, pérdida o suspensión del subsidio por incapacidad temporal:

– Cuando la beneficiaria hubiera actuado fraudulentamente para obtener o conservar el subsidio.

– Cuando realice cualquier trabajo o actividad, bien por cuenta ajena o por cuenta propia, salvo lo previsto para situaciones de pluriactividad.

Se suspenderá durante los periodos entre temporadas para las trabajadoras fijas discontinuas, en tanto no se produzca el nuevo llamamiento.

También por la realización de cualquier trabajo o actividad, bien por cuenta ajena o por cuenta propia, iniciados con posterioridad a la suspensión del contrato de trabajo por riesgo durante el embarazo, incompatibles con su estado.

Como norma general de la **base reguladora** de estas prestaciones será la establecida para la prestación de incapacidad temporal derivada de contingencias profesionales (arts. 186 y 187 de la LGSS). Estará compuesta por la suma de la base de cotización por contingencias profesionales del mes anterior, sin horas extraordinarias, dividida por el número de días a que corresponda dicha cotización más la cotización por horas extraordinarias del año natural anterior dividida entre 365 días.

La **gestión y el pago** de la prestación económica por riesgo durante el embarazo corresponderá a la entidad gestora o a la mutua colaboradora con la Seguridad Social en función de la entidad con la que la empresa tenga concertada la cobertura de los riesgos profesionales.

RESOLUCIONES RELEVANTES

STS, rec. 4016/2017 de 6 de febrero de 2019, ECLI:ES:TS:2019:871

Analizando un supuesto en el que la evaluación de riesgos del puesto de trabajo no incluye un examen específico de los riesgos en situación de embarazo o de lactancia. El TS analiza la distribución de la carga probatoria y la constatación de que el trabajo a turnos dificulta la lactancia para el acceso a la prestación de riesgo durante la lactancia materna natural.

Reitera doctrina STS, rec. 1398/2016, de 26 de junio de 2018, ECLI:ES:TS:2018:2651, y STS, rec. 4164/2017, de 24 de enero de 2019, ECLI:ES:TS:2019:447.

STSJ de Navarra n.º 141/2002, de 30 de abril de 2002, ECLI:ES:TSJNA:2002:521

El TSJ considera que existe riesgo durante el embarazo para una trabajadora que efectúa el cuidado y asistencia personal e integral a personas con graves discapacidades psíquicas; estableciéndose como riesgos específicos durante el embarazo los siguientes: a) sobreesfuerzo en tareas de manipulación de residentes; b) trabajo a turnos; c) posibles conductas agresivas de algún usuario. La sala toma la consideración citada sobre el puesto de trabajo desempeñado, a pesar de no contemplarse la existencia de riesgo para el embarazo en la relación de puestos de trabajo que ha confeccionado la empresa, previa consulta de los representantes de los trabajadores.

Riesgo durante la lactancia natural

Siguiendo el art. 188 de la LGSS, se considera situación protegida el período de suspensión del contrato de trabajo en los supuestos en que, debiendo la mujer trabajadora cambiar de puesto de trabajo por otro compatible con su situación (en los términos previstos art. 49 y ss. del Real Decreto 295/2009, de 6 de marzo, en relación con el art. 26.4 de la Ley 31/1995, de 8 de noviembre, de Prevención de Riesgos Laborales), dicho cambio de puesto no resulte técnica u objetivamente posible, o no pueda razonablemente exigirse por motivos justificados. (STSJ de Navarra n.º 141/2002, de 30 de abril de 2002, ECLI:ES:TSJNA:2002:521, y STSJ de Andalucía n.º 585/2013, de 21 de febrero de 2013, ECLI:ES:TSJAND:2013:544).

La prestación económica por riesgo durante la lactancia natural (**trabajadoras por cuenta ajena**) consistirá en una prestación equivalente al 100 por 100 de la base reguladora correspondiente. A tales efectos, la base reguladora será equivalente a la que esté establecida para la prestación de incapacidad temporal derivada de contingencias profesionales (artículo 187 de la LGSS). Esta prestación se concederá por el tiempo indispensable para la protección de la salud de la trabajadora y/o del hijo. No obstante, finalizará por cumplir el hijo los nueve meses de edad a no ser que la trabajadora se reincorpore al trabajo antes, ya sea a su puesto o a otro compatible.

En el caso de las **trabajadoras por cuenta propia**, la prestación cubrirá período de interrupción de la actividad profesional durante el período de lactancia natural, cuando el desempeño de la misma pudiera influir negativamente en la salud de la mujer o en la del hijo y así se certifique por los servicios médicos de la entidad gestora o mutua de accidentes de trabajo y enfermedades profesionales de la Seguridad Social.

> **A TENER EN CUENTA.** No se considerará situación protegida la derivada de riesgos o patologías que puedan influir negativamente en la salud de la trabajadora o en la del hijo, cuando no esté relacionada con agentes, procedimientos o condiciones de trabajo del puesto o actividad desempeñados.

La prestación se **iniciará**:

- Trabajadoras por cuenta ajena: a partir del mismo día que se inicie la suspensión del contrato de trabajo por riesgo durante la lactancia natural y después de la emisión de la certificación médica de riesgo por los servicios médicos competentes.

- Trabajadoras por cuenta propia: a partir del día siguiente a aquel en que se emite la certificación médica de riesgo por los servicios médicos competentes. No obstante, los efectos económicos surtirán efectos a partir del día del cese efectivo en la actividad profesional.

Para el **reconocimiento de la prestación**, la trabajadora presentará la solicitud a la que acompañará los siguientes documentos:

- Certificación médica sobre la existencia de riesgo durante el embarazo o la lactancia natural.

- Declaración de la empresa sobre la inexistencia de puestos de trabajo compatibles con el estado de la trabajadora.

- Certificado de empresa en el que conste la cuantía de la base de cotización por contingencias profesionales correspondiente al mes anterior al del inicio de la suspensión del contrato de trabajo y, en su caso, las cantidades de percepción no periódica abonadas a la trabajadora durante el año anterior a la fecha de suspensión del contrato.

La **gestión y el pago** de la prestación económica por riesgo durante la lactancia natural se llevará a cabo por la entidad gestora o colaboradora que resulte competente, de acuerdo con las reglas fijadas en los artículos 36 y 46 del Real Decreto 295/2009, de 6 de marzo.

El procedimiento para el reconocimiento del derecho al subsidio se llevará a cabo, de acuerdo con lo establecido en los artículos 39 y 47 del Real Decreto 295/2009, de 6 de marzo, cuando se acredite la situación de la lactancia natural, así como la circunstancia de que las condiciones del puesto de trabajo desarrollado por la trabajadora influyen negativamente en su salud o en la del hijo.

La **extinción** de la prestación se producirá por los siguientes motivos:

- Cumplir el hijo los nueve meses de edad.

- Reincorporación de la mujer trabajadora a su puesto de trabajo o actividad profesional anterior o a otros compatibles con su estado.

- Extinción del contrato de trabajo en virtud de las causas legalmente establecidas o cese en el ejercicio de la actividad profesional.

- Interrupción de la lactancia natural.
- Fallecimiento de la beneficiaria o del hijo lactante.

La suspensión del contrato paralela a la prestación finalizará el día en que se inicie la suspensión del contrato por parto o el lactante cumpla nueve meses, respectivamente, o, en ambos casos, cuando desaparezca la imposibilidad de la trabajadora de reincorporarse a su puesto anterior o a otro compatible con su estado (art. 48.7 del ET).

> **JURISPRUDENCIA**
>
> **STS, rec. 4016/2017, de 6 de febrero de 2019, ECLI:ES:TS:2019:871**
>
> Tanto la prestación de Seguridad Social por riesgo durante la lactancia natural como la propia suspensión del contrato de trabajo constituyen medidas subsidiarias o de segundo grado «para cuando concurre un riesgo específico en el desempeño concreto de un puesto de trabajo».
>
> **STS n.º 667/2018, de 26 de junio de 2018, ECLI:ES:TS:2018:2651**
>
> *«Este aspecto de la inexistencia de específica evaluación de los riesgos desde la perspectiva de la incidencia de las condiciones del trabajo en la lactancia natural llevaba a resolver la cuestión de la carga de la prueba de la existencia de dicho riesgo específico, sosteniendo que corresponde "en parte a la trabajadora y en parte a la empleadora a las que va a afectar tal importante vicisitud de la relación laboral" (STS/4.ª de 18 marzo 2011 —rcud. 1863/2010—, antes citada) y que esa distribución del gravamen probatorio supone que es a la parte actora quien debe "desvirtuar las causas de denegación de la prestación"».*

> **RESOLUCIÓN RELEVANTE**
>
> **STSJ Canarias n.º 860/2019, de 17 de diciembre de 2019, ECLI:ES:TSJICAN:2019:2578**
>
> El TSJ ha reconocido el derecho de una trabajadora (animadora sociocultural en un centro de atención al discapacitado) a las prestaciones por riesgo durante la lactancia. El caso resulta de interés no sólo por la aplicación del «interés superior del menor», sino por las repercusiones que tiene para el caso la ausencia de una evaluación de riesgos de forma individualizada, actualizada en base a los peligros específicos derivados del nuevo estado biológico de la trabajadora en periodo de lactancia o las especificaciones relativas a la carga de prueba con base a jurisprudencia europea.

Certificación médica sobre la existencia de riesgo durante el embarazo o de riesgo durante la lactancia natural

En las direcciones provinciales del Instituto Nacional de la Seguridad Social en las que no se disponga de servicios médicos propios, la certificación médica prevista para la incapacidad temporal y riesgo durante el embarazo y el subsidio por riesgo durante la lactancia natural (arts. 39, 47 y 51 del Real Decreto 295/2009, de 6 de marzo) será expedida por la Inspección de Servicios Sanitarios del Servicio Público de Salud u órgano equivalente de las comunidades autónomas que hayan asumido las transferencias en materia sanitaria. (STS, rec. 1212/2013, de 14 de febrero de 2014, ECLI:ES:TS:2014:889).

En el ámbito de aplicación del Régimen Especial de la Seguridad Social de los Trabajadores del Mar, en las direcciones provinciales en las que el Instituto Social de la Marina no disponga de servicios médicos propios, la referida certificación médica será expedida por los servicios médicos del Instituto Nacional de la Seguridad Social o, en su caso, y de conformidad con lo establecido en el párrafo anterior, por la Inspección de los Servicios Sanitarios del Servicio Público de Salud u órgano equivalente de las comunidades autónomas.

La expedición de esta certificación, si procede el reconocimiento de la situación de riesgo durante el embarazo o de riesgo durante la lactancia natural, será de tramitación preferente y constará de un original y dos copias. Se entregará a la trabajadora el original y una copia con destino a la empresa o, en su caso, al responsable del hogar familiar, quedándose la otra copia en poder del servicio médico.

La entidad gestora o colaboradora, responsable de la gestión y pago de la prestación por riesgo durante el embarazo o de la prestación por riesgo durante la lactancia natural, podrá solicitar la aportación de la evaluación inicial del riesgo del puesto de trabajo ocupado por la trabajadora, así como la relación de puestos de trabajo exentos de riesgo (apartado 2 de los artículos 16 y 26 de la LPRL).

JURISPRUDENCIA

STS n.º 323/2019, de 24 de abril de 2019, ECLI: ES:TS:2019:157

Se sienta que para el acceso y mantenimiento de la prestación de riesgo durante la lactancia natural la normativa sólo establece la necesidad de prestar el correspondiente certificado médico sobre la lactancia natural (No cabe exigir a las empleadas la acreditación de lactancia natural en caso de prestación por riesgo para la misma).

CUESTIÓN

¿Qué requisitos que han de acreditarse para acceder a la protección por riesgo durante la lactancia natural?

La prestación económica por riesgo durante la lactancia natural, por tratarse de casos en los que «concurre un riesgo específico en el desempeño concreto de un puesto de trabajo», requiere el cumplimiento de los siguientes requisitos (STS n.º 89/2019, de 6 de febrero de 2019, ECLI:ES:TS:2019:871):

– Las condiciones de trabajo ha de influir negativamente sobre la salud de la mujer e hijo/a

– No ha de resultar factible ni la adaptación del puesto ni el cambio a un puesto distinto compatible con esa situación. (STSJ de Navarra n.º 141/2002, de 30 de abril de 2002, ECLI:ES:TSJNA:2002:521 y STSJ Andalucía, rec. 506/2012, de 21 de febrero de 2013, ECLI:ES:TSJAND:2013:544).

Para el TS, por tanto, «no cabe el percibo de la prestación cuando los riesgos no aparecen debidamente descritos, valorados y acreditados de manera específica en relación con la lactancia», toda vez que «ello impediría a su vez conocer si realmente existen o no otros puestos exentos de riesgo para la lactante a efectos de su asignación y, eventualmente, agotadas las previsiones del art. 26 LPRL, de incluir la situación en la causa de suspensión del contrato de trabajo a que se refiere el art. 48.5 ET».

3.3.3. Permiso parental

El art. 48 bis del Estatuto de los Trabajadores (ET) reconoce el derecho a un permiso parental para el cuidado de hijos, hijas o menores acogidos con un tiempo de permanencia superior a un año, hasta la edad de 8 años. Este permiso tendrá una duración de 8 semanas máximo, a tiempo completo o en jornada parcial, y es un derecho individual de los trabajadores, hombres o mujeres. La persona trabajadora deberá comunicar con 10 días de antelación la fecha de inicio y fin del disfrute, salvo fuerza mayor. Si dos o más personas trabajadoras generan este derecho, la empresa podrá aplazar la concesión del permiso por un período razonable.

Las personas trabajadoras tendrán derecho a un permiso parental, para el cuidado de hijo, hija o menor acogido por tiempo superior a un año, **hasta el momento en que el menor cumpla ocho años**.

Este permiso, que tendrá una **duración no superior a ocho semanas**, continuas o discontinuas, podrá disfrutarse a tiempo completo, o en régimen de jornada a tiempo parcial conforme a lo establecido reglamentariamente.

Este permiso constituye un **derecho individual de las personas trabajadoras**, hombres o mujeres, sin que pueda transferirse su ejercicio.

Corresponderá a la persona trabajadora especificar la **fecha de inicio y fin del disfrute** o, en su caso, de los períodos de disfrute, debiendo comunicarlo a la empresa con una **antelación de diez días** o la concretada por los convenios colectivos, salvo fuerza mayor, teniendo en cuenta la situación de aquella y las necesidades organizativas de la empresa.

En caso de que dos o más personas trabajadoras generasen este derecho por el mismo sujeto causante o en otros supuestos definidos por los convenios colectivos en los que el disfrute del permiso parental en el período solicitado altere seriamente el correcto funcionamiento de la empresa, ésta podrá aplazar la concesión del permiso por un período razonable, justificándolo por escrito y después de haber ofrecido una alternativa de disfrute igual de flexible.

El ejercicio de este derecho es **compatible con la utilización de los permisos a los que tenga derecho la persona trabajadora** de acuerdo con lo establecido en el art. 37 del ET.

Como protección de la persona trabajadora frente a cualquier tipo de represalia empresarial por la utilización de este permiso, la normativa extiende ciertos aspectos proteccionistas:

- Será nula la decisión extintiva por causas objetivas durante el disfrute del permiso parental [art. 53.4.a) del ET].

- Será también nula la decisión extintiva por motivos disciplinarios durante el disfrute del permiso parental [art. 55.5.a) del ET].

- El salario a tener en cuenta a efectos del cálculo de las indemnizaciones será el que hubiera correspondido a la persona trabajadora sin considerar la reducción de jornada (siempre y cuando no hubiera transcurrido el plazo máximo legalmente establecido para dicha reducción) o el permiso a tiempo completo (D.A. 19.ª del ET).

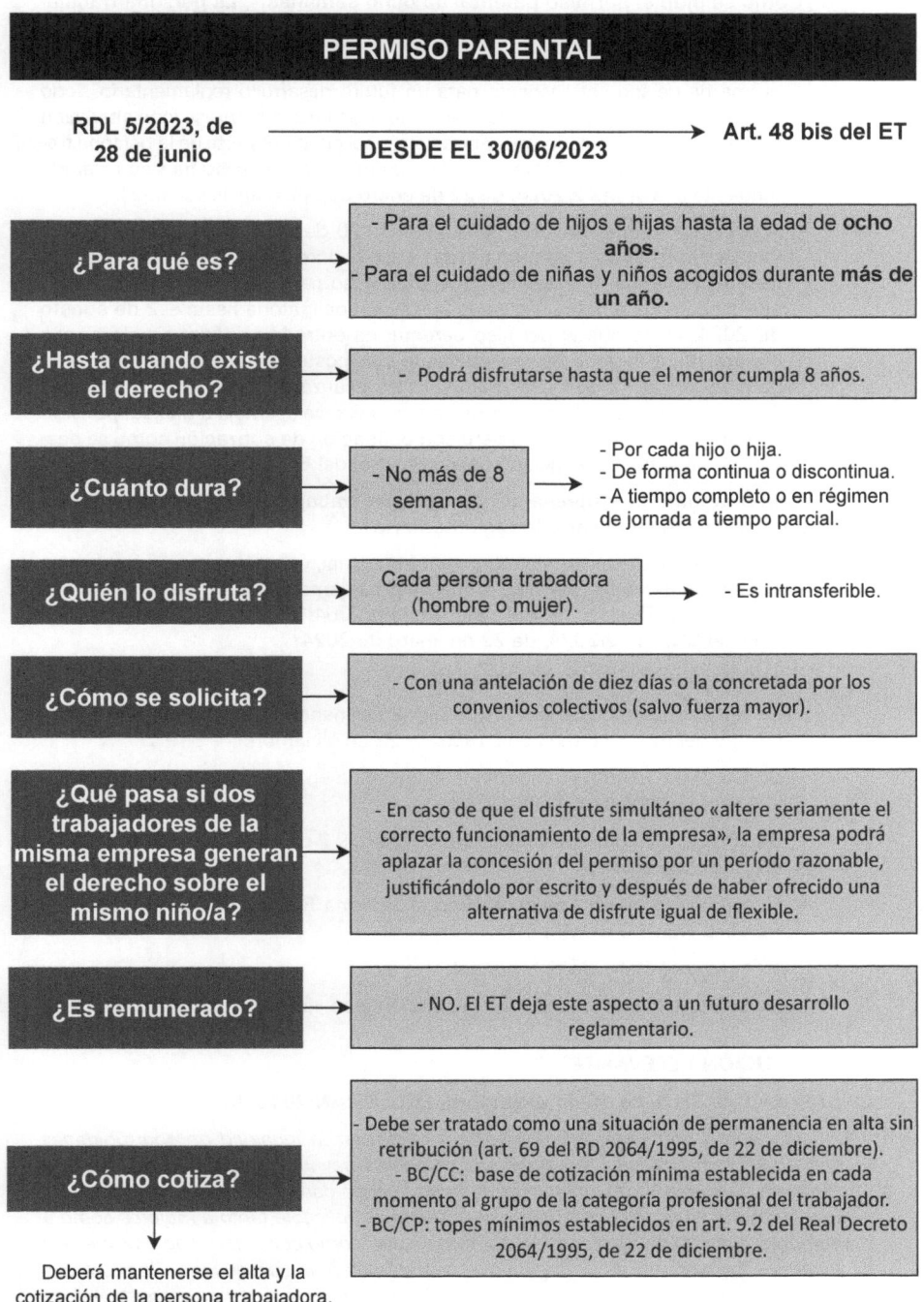

PERMISO PARENTAL

RDL 5/2023, de 28 de junio ————→ **DESDE EL 30/06/2023** ————→ **Art. 48 bis del ET**

¿Para qué es?
→ - Para el cuidado de hijos e hijas hasta la edad de **ocho años.**
- Para el cuidado de niñas y niños acogidos durante **más de un año.**

¿Hasta cuando existe el derecho?
→ - Podrá disfrutarse hasta que el menor cumpla 8 años.

¿Cuánto dura?
→ - No más de 8 semanas. →
- Por cada hijo o hija.
- De forma continua o discontinua.
- A tiempo completo o en régimen de jornada a tiempo parcial.

¿Quién lo disfruta?
→ Cada persona trabadora (hombre o mujer). → - Es intransferible.

¿Cómo se solicita?
→ - Con una antelación de diez días o la concretada por los convenios colectivos (salvo fuerza mayor).

¿Qué pasa si dos trabajadores de la misma empresa generan el derecho sobre el mismo niño/a?
→ - En caso de que el disfrute simultáneo «altere seriamente el correcto funcionamiento de la empresa», la empresa podrá aplazar la concesión del permiso por un período razonable, justificándolo por escrito y después de haber ofrecido una alternativa de disfrute igual de flexible.

¿Es remunerado?
→ - NO. El ET deja este aspecto a un futuro desarrollo reglamentario.

¿Cómo cotiza?
→ - Debe ser tratado como una situación de permanencia en alta sin retribución (art. 69 del RD 2064/1995, de 22 de diciembre).
- BC/CC: base de cotización mínima establecida en cada momento al grupo de la categoría profesional del trabajador.
- BC/CP: topes mínimos establecidos en art. 9.2 del Real Decreto 2064/1995, de 22 de diciembre.

↓
Deberá mantenerse el alta y la cotización de la persona trabajadora.

CUESTIONES

1. ¿Cómo se pide el permiso parental de ocho semanas? ¿La persona trabajadora tiene derecho a percibir remuneración?

– Los requisitos para solicitar el permiso parental aún no se han establecido, la norma ha dejado este aspecto para un futuro desarrollo reglamentario. Todo hace pensar que será necesaria una comunicación a la empresa (con alteración de 10 días) y una posterior mecanización (o solicitud por parte de la persona trabajadora) en la TGSS. Como en otras ocasiones este aspecto ha sido aclarado mediante el **BNR n.º 2/2024, de 22 de enero de 2024** (analizado aquí).

– A pesar de que la Directiva 2019/1158 de 20 de junio (conciliación de vida familiar y profesional de progenitores y cuidadores) —de cuya transposición nace este permiso— establece que el permiso parental ha de ser retribuido, ese aspecto de la norma no es de aplicación obligatoria hasta el **2 de agosto de 2024**. Dado que el permiso parental ha entrado en vigor sin desarrollo reglamentario hemos de entender que con posterioridad se establecerá un periodo transitorio de forma gradual hasta alcanzar su remuneración efectiva. Por el momento el tratamiento de este permiso se asemeja a una **suspensión de contrato no remunerada pero con obligación de cotización** como se desprende de la nueva redacción del art. 45.1.o) del ET.

2. ¿Cómo actuará la empresa si una persona trabajadora solicita el permiso parental antes de su desarrollo reglamentario?

Ante la ausencia de desarrollo reglamentario actual, y hasta que se concreten las características básicas del permiso, debe tratarse como situación de permanencia en alta sin retribución (art. 69 del Real Decreto 2064/1995, de 22 de diciembre). Atendiendo al BNR n.º 2/2024, de 22 de enero de 2024:

El permiso parental a tiempo completo:

– Debe ser tratado como una situación de permanencia en alta sin retribución (art. 69 del Real Decreto 2064/1995, de 22 de diciembre).

– BC/CC: base de cotización mínima establecida en cada momento al grupo de la categoría profesional del trabajador.

– BC/CP: topes mínimos establecidos en el art. 9.2 del Real Decreto 2064/1995, de 22 de diciembre.

– Tipo de inactividad a mecanizar en el Sistema Red: valor 20-PERMISO PARENTAL TIEMPO COMPLETO.

El permiso parental a tiempo parcial:

– No se despejan las dudas. Queda pendiente de «desarrollo reglamentario».

RESOLUCIÓN RELEVANTE

SAN n.º 198/2018, de 18 de diciembre, ECLI:ES:AN:2018:4697

«(...) para evitar toda discriminación y garantizar la igualdad de oportunidades entre hombres y mujeres, los trabajadores que se hayan acogido a un permiso parental no pueden estar en una posición de desventaja con respecto a los trabajadores que no se hayan acogido a tal permiso». Y esto es aplicable tanto a mujeres como a hombres, tanto para la suspensión por maternidad como por paternidad. Porque si la paternidad queda menos protegida que la maternidad, la consecuencia lógica es un menor índice de disfrute de la primera en detrimento de la segunda, perpetuándose así la asunción mayoritaria de cargas familiares por las mujeres al ser estas quienes utilizan de modo absolutamente mayoritario estos permisos».

¿Qué aspectos contemplados en la Directiva 2019/1158 de 20 de junio (conciliación de vida familiar y profesional de progenitores y cuidadores) no se han sido regulados por el art. 48 bis del ET?

La Directiva 2019/1158 establece **requisitos mínimos relacionados con el permiso parental,** dado que parte de la regulación de esta suspensión contractual quedará en manos de la negociación colectiva, y a la espera de un futuro reglamento donde se desarrolle su retribución, posible aplazamiento, aspectos que deban ser regulados por convenio, etc., es interesante conocer todos los aspectos que contempla la directiva de conciliación de los que, al fin de cuentas, deriva el nuevo art. 48 bis del ET:

- Se garantiza que cada trabajador tenga un **derecho individual** a disfrutar de un permiso parental de **cuatro meses** que debe disfrutarse antes de que el hijo alcance una determinada edad, como máximo **ocho años,** que se especificará por cada Estado miembro o por los convenios colectivos.

- Los Estados miembros o los interlocutores sociales determinarán dicha edad de modo que se garantice que cada progenitor pueda ejercer efectivamente su derecho a un permiso parental de manera efectiva y en condiciones equitativas.

- Dos de los meses de permiso parental no pueden ser transferidos.

- Un plazo razonable de preaviso que debe cumplir el trabajador de cara al empleador al ejercer su derecho al permiso parental.

- En la solicitud de permiso parental del trabajador debe indicar la fecha prevista de inicio y de fin del período de permiso.

- Podrá supeditarse el derecho a disfrutar del permiso parental a un período de trabajo o a una antigüedad que no podrá exceder de un año. Cuando existan sucesivos contratos de duración determinada con el mismo empleador, deberá tenerse en cuenta la suma de todos ellos para el cálculo del período de trabajo.

- Sobre una **posible negociación del disfrute del permiso:**

  - El legislador podrá definir las circunstancias en las que un empleador, tras llevar a cabo consultas de conformidad con la legislación, los convenios colectivos o los usos nacionales, puede aplazar la concesión de un permiso parental por un período razonable alegando como causa que el disfrute del permiso parental en el período solicitado alteraría seriamente el buen funcionamiento de la empresa.

  - Los empleadores deberán justificar por escrito cualquier aplazamiento de un permiso parental.

  - El legislador adoptará las medidas necesarias para garantizar que los trabajadores también tengan derecho a solicitar el permiso parental en formas flexibles. Los Estados miembros podrán especificar las modalidades para su aplicación.

- Los empleadores estudiarán y atenderán las solicitudes teniendo en cuenta tanto sus propias necesidades como las de los trabajadores.

- Los empleadores deberán justificar la denegación de cualquier solicitud por escrito y en un plazo razonable desde su presentación.

- Los Estados miembros adoptarán las medidas necesarias para garantizar que, al examinar las solicitudes de permiso parental a tiempo completo, los empleadores, antes de aplicar cualquier aplazamiento, ofrezcan, en la medida de lo posible, formas flexibles de disfrutar el permiso parental.

– Otro aspecto de controversia está siendo la **remuneración**. La Directiva establece que el legislador, o por negociación colectiva, debe definir la remuneración o prestación económica asociada al permiso parental, y lo harán de manera que se facilite el que ambos progenitores puedan disfrutarlo.

– El legislador deberá evaluar la necesidad de adaptar las condiciones de acceso y las modalidades detalladas de la aplicación del permiso parental a las necesidades de los progenitores adoptivos, los progenitores con una **discapacidad y los progenitores que tengan hijos con una discapacidad o con una enfermedad de larga duración.**

– **Entrada en vigor**: a pesar de que las nuevas medidas han tenido fecha de efectos de 30/06/2023, la Directiva obligaba a su transposición «a más tardar el 2 de agosto de 2022». **No obstante, en lo referente a «la remuneración o la prestación económica correspondientes a las últimas dos semanas del permiso parental», se fija como plazo el 2 de agosto de 2024 para el establecimiento de las disposiciones «reglamentarias y administrativas necesarias para cumplir la presente Directiva».**

Como vemos, a falta de la publicación del futuro desarrollo reglamentario, la negociación colectiva tendrá que cubrir:

– La posibilidad de incrementar el permiso parental hasta 4 meses por cada uno de los progenitores.

– La posibilidad de supeditar el derecho a disfrutar del permiso parental a una determinada antigüedad (no superior a un año) en la empresa.

– La «remuneración» (la prestación deberá ser definida reglamentariamente) que lo complemente.

– Las condiciones por las que el disfrute del permiso no resulte aplicable desde la solicitud por parte de la persona trabajadora o las condiciones en las que se deba negociar su aplicación de mutuo acuerdo por las partes (este aspecto si se ha definido en los casos de adaptación de jornada al amparo del art. 34.8 del ET).

– Posibles mejoras del permiso parental en caso de progenitores con una discapacidad y los progenitores que tengan hijos con una discapacidad o con una enfermedad de larga duración.

3.3.4. Excedencia voluntaria

La excedencia voluntaria es una modalidad de excedencia regulada por el art. 46 del Estatuto de Trabajo que permite al trabajador suspender la relación laboral por cualquier interés personal o profesional, siempre que sea compatible con las exigencias de la buena fe contractual. Se trata de un derecho preferente al reingreso, condicionado a la existencia de vacantes, y con un plazo que no puede ser menor a cuatro meses ni superior a cinco años. El trabajador no tendrá derecho a remuneración alguna y el periodo en que el trabajador permanezca en esta situación no será computable a efectos de antigüedad, cotizaciones o prestaciones sociales.

Excedencia voluntaria por interés particular

Ciñéndonos a lo que venimos llamando «excedencia voluntaria común», la causa de la misma no es objeto de especificación en el art. 46.2 del ET, que se limita a reconocer el derecho del trabajador «con al menos una antigüedad en la empresa de un año» a que «se le reconozca la posibilidad de situarse en excedencia voluntaria» (como hemos citado a lo largo de la obra). Ello equivale a decir que cualquier interés personal o profesional de trabajador puede justificar esta modalidad de excedencia, siempre que sea compatible con las exigencias de la buena fe contractual. En buena parte de los casos, como observa atinadamente la sentencia de suplicación impugnada, los períodos de excedencia se utilizan por los trabajadores como medio legítimo de promoción o experiencia profesional en otro trabajo por cuenta propia o por cuenta ajena.

El núcleo principal del régimen jurídico de la excedencia voluntaria común se encuentra en el precepto del art. 46.5 del ET, donde se afirma que el «trabajador excedente conserva sólo un derecho preferente al reingreso en las vacantes de igual o similar categoría a la suya que hubiera o se produjeran en las empresas». Se trata con toda seguridad de un derecho profesional distinto al que se reconoce en las situaciones suspensivas del art. 45 del ET. Evidentemente no es lo mismo un derecho preferente al reingreso, condicionado a la existencia de vacantes, que un derecho incondicional a la reserva del puesto. (STSJ Madrid n.º 795/2011, de 6 de octubre de 2011, ECLI:ES:TSJM:2011:12511).

Las **especificaciones** aplicables a las que podríamos denominar «excedencias voluntarias ordinarias» se regulan en el art. 46.2 del ET:

- Su duración será por un **plazo no menor a cuatro meses ni superior a cinco años**. Una vez transcurrido el plazo por el que se le reconoció la excedencia al trabajador la suspensión del contrato se mantiene indefinidamente hasta que no se produzca tal vacante.

- Es el trabajador el que, de forma voluntaria, decide colocarse en esta situación por cuestiones personales.

- No se reconoce derecho a reserva de puesto de trabajo, sino derecho a reingreso preferente cuando haya vacante de igual categoría.

- El trabajador no tendrá derecho a remuneración alguna.
- Requiere al menos un año de antigüedad.
- Se concede por un plazo no menor a cuatro meses y no mayor a cinco años.
- Este derecho solo podrá ser ejercitado otra vez por el mismo trabajador si han transcurrido cuatro años desde el final de la anterior excedencia voluntaria.
- Requiere al menos un año de antigüedad.
- El periodo en que el trabajador permanezca en esta situación no será computable a efectos de antigüedad, cotizaciones o prestaciones sociales.

JURISPRUDENCIA

STS, rec. 4799/2004, de 14 de febrero de 2006, ECLI:ES:TS:2006:2001

La excedencia voluntaria común no comporta para el empresario el deber de reservar al trabajador excedente el puesto de trabajo desempeñado con anterioridad. El empresario, por tanto, puede disponer de la plaza vacante, bien contratando a otro trabajador para el desempeño de esta, bien reordenando los cometidos laborales que la integran, bien incluso procediendo a la amortización de la misma. Desde el punto de vista del trabajador, el derecho «expectante» del excedente voluntario común sólo puede ejercerse de manera inmediata cuando el mismo puesto de trabajo u otro similar o equivalente se encuentra disponible en la empresa.

Solicitud de prestación por desempleo durante la suspensión de la relación laboral por excedencia voluntaria

Cuando el trabajador solicite excedencia voluntaria y antes de la finalización de la misma, por haber perdido el puesto para el que había solicitado la citada excedencia, inste el reingreso sin obtener respuesta favorable. El Tribunal Supremo ha confirmado la situación legal de desempleo al considerar involuntaria la pérdida de ocupación. Asimismo, a los efectos de determinar la duración de la prestación, deben computar las cotizaciones efectuadas en virtud del contrato que se mantiene en suspenso.

Indemnización de daños y perjuicios por falta de reincorporación o reincorporación tardía

De la doctrina jurisprudencial en la materia se extraen los siguientes puntos:

- Se presume que la reincorporación tardía del trabajador excedente da lugar a una indemnización de daños y perjuicios.
- La cuantía de la indemnización se cifra en principio en los salarios dejados de percibir a causa de la conducta de incumplimiento de la empresa desde la conciliación o reclamación administrativa previas a la reclamación judicial, o desde este última si por una u otra razón se ha interpuesto antes.

- Corresponde al trabajador la acreditación de daños y perjuicios superiores que considere se han producido.
- Corresponde al empresario la acreditación de los hechos impeditivos de las indemnizaciones reclamadas.

|| **Ampliación de supuestos vía convenio colectivo**

La situación de excedencia podrá extenderse a otros supuestos colectivamente acordados, con el régimen y los efectos que allí se prevean.

Excedencia pactada de mutuo acuerdo

Las partes pueden establecer motivos de suspensión del contrato siempre que no supongan abuso de derecho. Esta modalidad de excedencia se encuentra ligada a la posibilidad de que empresario y persona trabajadora pacten de mutuo acuerdo la suspensión temporal del contrato en las condiciones, y, por lo tanto, el período de tiempo y otras condiciones estarán sujetos al acuerdo alcanzado.

Salvo pacto en contrario el empresario estará exento de cotizar a la Seguridad Social durante ese periodo.

Este tipo de acuerdos serán válidos mientras no resulten contrarias a la ley, a la moral, al orden público o a las buenas costumbres, por suponer una **manifestación del principio de autonomía de la voluntad de las partes**, que no supone disposición por el trabajador de derecho irrenunciable alguno, ni entraña abuso de derecho en perjuicio del mismo. (STSJ Asturias n.º 1600/2004, de 7 de mayo de 2004, ECLI:ES:TSJAS:2004:2448).

Los apdos. 1 a) y b) del art. 45 ET, establecen:

- Empresario y trabajador son libres para dejar en suspenso la relación laboral por el tiempo deseado. Será el acuerdo de las partes el que fije la duración y efectos de la suspensión del contrato.
- El periodo de ausencia del trabajador no será retribuido salvo pacto en contrario. Si existiese retribución esta no podría ser considerada salario.
- La reincorporación se realizará en el momento acordado por las partes.
- Es posible pactar una suspensión del contrato sin reserva del puesto de trabajo, con lo que la situación se asimilaría en sus efectos a las excedencias voluntarias.
- Salvo pacto en contrario, la suspensión implica la baja en la Seguridad Social y exime al empresario de cotización.

Excedencia especial colectivamente acordada

En desarrollo del art. 46.6 del ET la situación de excedencia podrá extenderse a otros supuestos colectivamente acordados, con el régimen y los efectos que allí por convenio se prevean. Como algunos ejemplos: art. 56.2.c) del convenio colectivo de ámbito estatal para las empresas de mediación de seguros privados 2023-2026 (BOE 15/11/2023), art. 13 del convenio colectivo de trabajo para oficinas de cámaras, colegios, asociaciones e instituciones (BOR Murcia 30/05/2002), art. 14 del convenio colectivo estatal para las empresas del comercio de flores y plantas. (BOE 03/09/2021), entre muchos.

Excedencia voluntaria por cuidado de hijo o familiar

Junto a las anteriores, la norma configura dos supuestos específicos con regulación propia en el art. 46.3 del ET, la **excedencia voluntaria por cuidado de hijo y la excedencia voluntaria por cuidado de familiar**, configurados con una serie de características comunes, pero con una duración distinta.

Como **aspectos en común**:

– **Antigüedad**: el período en que el trabajador permanezca en situación de excedencia será computable a efectos de antigüedad.

– **Asistencia a cursos de formación profesional**: el trabajador tendrá derecho a la asistencia a cursos de formación profesional, a cuya participación deberá ser convocado por el empresario, especialmente con ocasión de su reincorporación (cuya finalidad es evitar la pérdida por parte del trabajador excedente de sus aptitudes profesionales, que pudieran verse afectadas por cambios productivos, tecnológicos, etc.).

– **Solicitud de reincorporación**: la solicitud ha de presentarse con un mínimo de un mes de antelación a la finalización del periodo de excedencia (salvo especificación de convenio). El empleado temporal tendrá derecho a reingreso y reserva de puesto siempre que continúe la relación laboral.

– El **reingreso** al puesto de trabajo deberá ser notificada antes del término del periodo de excedencia. No obstante, los convenios colectivos pueden establecer:

  • La necesidad de un plazo de preaviso cuya ausencia implique la pérdida del derecho al reingreso. (STS, rec. 316/2002, de 18 de septiembre, ECLI:ES:TS:2002:5948).

  • La necesidad de un plazo de preaviso sin prever ningún tipo de consecuencia en caso de incumplimiento. (STS, rec. 1053/2010 de 24 de febrero de 2011, ECLI:ES:TS:2011:1287).

– **Derecho preferente al reingreso**: durante el primer año tendrá derecho a la reserva de su puesto de trabajo. Transcurrido dicho plazo, la reserva quedará referida a un puesto de trabajo del mismo grupo profesional o categoría equivalente. En este caso, por tanto, debemos distinguir **dos situaciones**: el primer año y el resto de la excedencia.

– **Durante el primer año de excedencia el trabajador tiene derecho a la reserva de «su» puesto de trabajo**, entendido como el puesto que desempeñaba con anterioridad a la situación de excedencia. Los tribunales han establecido que durante el primer año el reingreso es automático y no supeditado a la existencia de vacante, debiendo ser en la misma categoría, con la misma retribución y disfrute de las mismas condiciones anteriores (STSJ de Baleares n.º 373/1991, de 20 diciembre de 1991, ECLI:ES:TSJBAL:1991:2), sin ser posible ni siquiera un cambio de turno.

- Una vez **finalizado el primer año de excedencia la protección o garantía se aminora, de forma que el trabajador tiene derecho a la reserva de un puesto de trabajo del mismo grupo profesional o categoría equivalente,** por lo que se condiciona el reingreso al hecho que se produzca vacante, manteniéndose en este período el derecho a antigüedad y a recibir cursos de formación por parte de la empresa.

  - El trabajador en excedencia voluntaria conserva solo un derecho preferente al reingreso en las vacantes de igual o similar categoría a la suya que hubiera o se produjeran en la empresa.

  - Cuando la persona trabajadora forme parte de una familia que tenga reconocida la condición de familia numerosa, la reserva de su puesto de trabajo se extenderá hasta un máximo de quince meses cuando se trate de una **familia numerosa** de categoría general, y hasta un máximo de dieciocho meses si se trata de categoría especial. Cuando la persona ejerza este derecho con la misma duración y régimen que el otro progenitor, la reserva de puesto de trabajo se extenderá hasta un máximo de dieciocho meses.

- **Limitación al ejercicio simultáneo por razones justificadas**: el empresario está obligado a reconocer la excedencia si se cumplen los requisitos constitutivos del derecho. No obstante, si dos o más trabajadores de la misma empresa generasen este derecho por el mismo sujeto causante, el empresario podrá limitar su ejercicio simultáneo por razones justificadas de funcionamiento de la empresa.

- **Sucesión de excedencias o disfrute fraccionado**: Cuando un nuevo sujeto causante diera derecho a un nuevo periodo de excedencia, el inicio de la misma dará fin al que, en su caso, se viniera disfrutando. La duración podrá disfrutarse de forma fraccionada.

- **Cotización**: la empresa no tiene obligación de cotizar durante dichos periodos de excedencia, no obstante, la Seguridad Social considera estas situaciones como cotizadas para determinadas prestaciones.

Como **aspectos diferenciadores**:

La **excedencia voluntaria por cuidado de hijo**:

- **Sujetos que originan el nacimiento de la excedencia**: supone una suspensión del contrato de trabajo para atender al cuidado de cada hijo, tanto lo sea por naturaleza, como por adopción o en supuestos de acogimiento, preadoptivo o permanente, aunque sean provisionales.

- **Duración máxima**: 3 años a contar desde la fecha de nacimiento o, en su caso, de la resolución o acogimiento tanto permanente como preadoptivo, aunque estos sean provisionales.

– **Cotización durante el periodo de excedencia**: los períodos de hasta tres años de excedencia que los trabajadores, de acuerdo con el art. 46.3 del ET, disfruten en razón del cuidado de cada hijo o menor en régimen de acogimiento permanente o de guarda con fines de adopción, tendrán la consideración de periodo de cotización efectiva a efectos de las correspondientes prestaciones de la Seguridad Social por jubilación, incapacidad permanente, muerte y supervivencia, maternidad y paternidad (art. 237.1 LGSS).

> **A TENER EN CUENTA.** Esta excedencia genera idénticos efectos a los ya señalados para la excedencia por cuidado de familiares, con la salvedad de un periodo máximo de disfrute limitado a tres años. También en este supuesto la negociación colectiva puede ampliar la duración de la excedencia fijando el régimen jurídico aplicable.

CUESTIONES

1. ¿Qué ocurre ante la negativa o la falta de respuesta a la solicitud por parte de la empresa?

La excedencia voluntaria no podría ejercerse de forma unilateral por la persona trabajadora toda vez que requiere del previo reconocimiento del derecho por parte de la empresa o en su defecto de una declaración positiva de la autoridad judicial.

El supuesto planteado es habitual y suelen darse dos situaciones:

– La persona trabajadora continúa prestando servicio y procede a la impugnación judicial de la denegación o falta de contestación ante los Tribunales, solicitando daños y perjuicios.

– La persona trabajadora opta de forma unilateral por situarse de excedencia sin la autorización empresarial pertinente. A pesar de entenderse justificadas en este caso medidas disciplinarias (incluso el despido disciplinario por ausencias no justificadas), corresponderá al Juez de lo Social en caso de reclamación por parte del trabajador valorar las circunstancias concurrentes en orden a poder salvaguardar el derecho a la excedencia. Es decir, se valorará una posible actuación en base a la buena o mala fe de las partes implicadas y la posible existencia de derecho/necesidad a excedencia frente al derecho a organización de la actividad productiva de la empresa.

Aclarar que una falta de contestación a la solicitud por parte de la empresa, existiendo tiempo suficiente para organizar y cubrir el puesto del trabajador excedente, presume mala fe por entenderse que esa actitud —como la denegación cuando no existe causa justificada— implica un posible abandono voluntario del trabajo.

2.- ¿La empresa debe ofrecer puestos temporales a los trabajadores en excedencia voluntaria pendientes de reincorporación?

La STS n.º 703/2022, del 7 de septiembre de 2022, ECLI:ES:TS:2022:3353, analiza si el trabajador excedente voluntario, cuyo puesto de trabajo continúa vacante, sin que la empresa haya intentado su cobertura con arreglo al convenio y, habiendo realizado contrataciones temporales de puestos del mismo nivel que el demandante, tiene derecho a la reincorporación a la empresa o, por el contrario, no procede dicha reincorporación hasta que no se cumpla el procedimiento de reincorporación de excedentes regulado en el convenio. Para el Alto Tribunal, salvo especificación por convenio, la empresa no tiene obligación de llamar al excedente para cubrir plazas temporales.

La **excedencia voluntaria por cuidado de familiar**:

– **Sujetos que originan el nacimiento de la excedencia**: para atender al cuidado del cónyuge o pareja de hecho, o de un familiar hasta el segundo grado de consanguinidad y por afinidad, incluido el familiar consanguíneo de la pareja de hecho, que por razones de edad, accidente, enfermedad o discapacidad no pueda valerse por sí mismo, y no desempeñe actividad retribuida. Esta opción, con efectos de 30/06/2023, incluye la cobertura a la pareja de hecho en el derecho a excedencia por cuidado de familiar.

– **Duración máxima**: no superior a 2 años salvo que se establezca una duración superior a través de la negociación colectiva.

– **Cotización durante el periodo de excedencia: con efectos de 18/03/2023** se han igualado los periodos de cotización efectiva a efectos de las prestaciones de seguridad social por jubilación, incapacidad permanente, muerte y supervivencia y nacimiento y cuidado de menor. Para el acceso a estas prestaciones, se considerarán efectivamente cotizados los tres primeros años del período de excedencia (art. 237.2 LGSS, con efectos de 18/03/2023).

> **A TENER EN CUENTA.** Esta excedencia genera idénticos efectos a los ya señalados para la excedencia por cuidado de hijos, con la salvedad de un periodo máximo de disfrute limitado a dos años. También en este supuesto la negociación colectiva puede ampliar la duración de la excedencia fijando el régimen jurídico aplicable.

JURISPRUDENCIA

STS, rec. 95/2010, de 23 de julio, ECLI:ES:TS:2010:4601

Se discute si un trabajador que solicitó una excedencia voluntaria por treinta meses tiene **derecho a prorrogar esta excedencia**, preavisando un mes antes de su finalización, por un nuevo período de treinta meses. La Sala recuerda su doctrina ya sentada en anteriores decisiones, en el sentido de que el derecho a la excedencia constituye una facultad de suspensión unilateral del contrato por parte del trabajador que ha de verse como excepcional, en el marco de un contrato sinalagmático, por lo que ha de entenderse que el trabajador tiene derecho a solicitar un único período de excedencia entre dos y cinco años, de tal forma que concederle el derecho a una prórroga, sería como reconocerle el derecho a una nueva excedencia, cuando la norma exige su reincorporación a la empresa y el transcurso de dos años para poder volver a hacer uso del derecho.

STS, rec. 148/2014 de 4 de febrero de 2015, ECLI:ES:TS:2015:1374

Dictada en un procedimiento sobre reingreso tras una excedencia voluntaria, en el que se debate sobre el importe de la indemnización de daños y perjuicios por readmisión extemporánea. Consta en la misma que el trabajador prestó servicios para varias empresas durante el tiempo de excedencia e, incluso, percibió prestaciones de desempleo. La cuestión que se suscita en contradicción y que la Sala resuelve radica en la determinación de si procede descontar de la aludida indemnización lo percibido en otro trabajo durante el tiempo en que el trabajador estuvo sin reincorporar, siendo esta la única cuestión debatida por la Sala. Se reitera la doctrina unificada de que la cuantía de la indemnización se cifra en los salarios dejados de percibir desde la conciliación o reclamación administrativa previas a la reclamación judicial, y que

> corresponde al trabajador acreditar los daños y perjuicios superiores que se han producido, así como al empresario los hechos impeditivos de las indemnizaciones reclamadas. **En virtud de esa doctrina la Sala IV excluye del cálculo de la indemnización el periodo correspondiente a los servicios prestados por cuenta de otra empresa.**

3.3.5. Víctima de violencia de género o sexual

La Ley Orgánica 1/2004, de 28 de diciembre, de medidas de protección integral contra la violencia de género (arts. 21 de la LOMPIVG), el ET y la LGSS establecen una serie de medidas de acción positiva para la protección integral de las víctimas de este tipo de violencias.

A TENER EN CUENTA. La Ley Orgánica 10/2022, de 6 de septiembre, de garantía integral de la libertad sexual (con efectos de 07/10/2022), amplía para las víctimas de violencias sexuales las previsiones establecidas para las víctimas de violencia de género.

Los arts. 45.1.n) y 48.8 del ET, en consonancia con la Ley Orgánica 1/2004, de 28 de diciembre, establecen la posibilidad de suspender el contrato:

- Decisión de la persona trabajadora que se vea obligada a abandonar su puesto de trabajo como consecuencia de ser víctima de violencia de género.

- El periodo de suspensión tendrá una duración inicial que no podrá exceder de seis meses, salvo que de las actuaciones de tutela judicial resultase que la efectividad del derecho de protección de la víctima requiriese la continuidad de la suspensión. En este caso, el juez podrá prorrogar la suspensión por periodos de tres meses, con un máximo de dieciocho meses.

Como complemento a esta situación encontramos [arts. 165.5, 267.1.b) 2.º 269.2 y 300 de la LGSS]:

- Durante el periodo de suspensión, la trabajadora se encontrará en situación legal de desempleo.

- El período de suspensión con reserva del puesto de trabajo, contemplado en el art. 48.8 del ET para supuestos de violencia de género o violencia sexual, tendrá la consideración de período de cotización efectiva a efectos de las correspondientes prestaciones de la Seguridad Social por jubilación, incapacidad permanente, muerte y supervivencia, nacimiento y cuidado de menor, desempleo y cuidado de menores afectados por cáncer u otra enfermedad grave.

- Las cotizaciones a la Seguridad Social tenidas en cuenta para percibir prestación por desempleo durante la suspensión del contrato por violencia de género o sexual, podrán ser tenidas en cuenta para una nueva prestación.

- Las cotizaciones a la seguridad social efectuadas durante la percepción de la prestación de desempleo durante la suspensión del contrato por dicha causa, computarán para una nueva prestación.

– En los supuestos de suspensión como extinción del contrato, el Servicio Público de Empleo tendrá en cuenta su situación a la hora de exigir el cumplimiento del compromiso de actividad.

CUESTIÓN

¿Qué otros derechos laborales y de Seguridad Social existen para víctimas de violencia de género y violencia sexual?

– Contratos bonificados para trabajadores víctimas de violencia de género o sexual.

– Prestación para víctimas de violencia de género y violencia sexual.

– Movilidad geográfica de los trabajadores víctimas de violencia de género, sexual y terrorismo.

– Extinción del contrato de trabajo para víctima de violencia de género o sexual.

– Prestaciones para víctimas de violencia de género y violencia sexual.

– Reducción de la jornada de trabajo con disminución proporcional del salario.

RESOLUCIONES RELEVANTES

STSJ de Cataluña n.º 7262/2008, de 3 de octubre de 2008, ECLI:ES:TSJCAT:2008:10409

Señala que las ausencias o faltas de puntualidad al trabajo motivadas por la situación física o psicológica derivada de la violencia de género se consideran justificadas, cuando así lo determinen los servicios sociales de atención o servicios de salud.

SJS - Madrid n.º 21/2018, de 24 de enero de 2018, ECLI:ES:JSO:2018:2

Se declara nulo el despido disciplinario de una trabajadora, efectuado pocos días después de acudir a un juicio por violencia de género y obtener sentencia favorable, sin que llegara a ejercitar los derechos laborales que la ley le reconocía. La sentencia considera que el despido no tenía otra causa que la consideración de la trabajadora como víctima de violencia de género y el hecho de que pudiera acogerse a alguna de las medidas laborales que contempla la ley. Y concluye que es un caso de discriminación por razón de sexo y obliga a la empresa a readmitir a la empleada, abonarle los salarios de tramitación y pagarle una indemnización por los daños morales y materiales causados.

«En otras palabras, las medidas de acción positiva que, en defensa del ejercicio de determinados derechos laborales por parte de colectivos precisados de especial protección, adopta el legislador en el segundo párrafo del art. 55.5 ET, constituyen un añadido a la directa salvaguarda de los derechos fundamentales recogida en el primer párrafo de dicha norma en consonancia con el art. 17 ET».

3.4. Excedencia forzosa o ejercicio de cargo público representativo

El art. 45 del ET, establece la posibilidad de suspensión del contrato de trabajo ante ejercicio de cargo público representativo. Por cargo público debe entenderse no el burocrático de carrera sino el político temporal o amovible al que se accede por elección o por designación o nombramiento de la autoridad competente.

El art. 45.1.f) del ET, establece que el ejercicio de cargo público, para el que haya sido designado el trabajador, suspenderá la relación laboral de impedir la asistencia al trabajo:

- Mientras dure la suspensión el trabajador no tendrá derecho a salario.

- El trabajador deberá solicitar la reincorporación en el plazo de 30 días naturales, a partir de la cesación en el cargo.

- El Tribunal Supremo ha manifestado que el derecho a pasar a la situación de excedencia forzosa por ejercicio de cargo público se aplica no a los puestos burocráticos de carrera ni al nombramiento como Gerente de una sociedad anónima, sino a los nombramientos políticos temporales o amovibles al que se accede por elección o por designación o nombramiento de la autoridad competente (STS, rec. 3631/1999, de 20 de septiembre de 2.000, ECLI:ES:TS:2000:6576, y STS, rec. 4414/2000, de 26 de septiembre de 2001, ECLI:ES:TS:2001:7212).

> **JURISPRUDENCIA**
>
> **Sentencia Tribunal Supremo, rec. 2432/2006, de 18 de Septiembre de 2007, ECLI:ES:TS:2007:6088**
>
> *«Para resolver el tema planteado debemos tener en cuenta nuestra doctrina contenida en la sentencia de 20-09-2000 (R-3631/99) que a su vez hacía referencia a la de 7-03-1990 y 23-12-1987, sobre lo que debe entenderse por cargo público; en la primera de ellas, partiendo de que el art. 46-1 del E.T. establece que la excedencia forzosa se concederá por la designación o elección para un cargo público que imposibilite la asistencia al trabajo, y de que debe entenderse como cargo público no el permanente burocrático de carrera, sino el político temporal o amovible al que se accede por elección o por designación o nombramiento de la autoridad competente, se llegaba a la conclusión, en el caso allí debatido, en supuesto que no es extrapolable al de autos, pues se trataba de una persona nombrada asesor Técnico del Grupo Socialista en las Juntas Generales de Guipúzcoa, de que tratándose de un cargo político de naturaleza pública temporal amovible, y no de un nombramiento hecho directamente y por propia iniciativa por el grupo político tenía derecho a la excedencia forzosa; la aplicación al caso de autos, de lo que debe entenderse como cargo público a los efectos debatidos, nos lleva a la conclusión de que en el presente caso, el nombramiento de la actora como Gerente de una sociedad anónima, aunque su capital sea en su totalidad municipal, con la que además subscribió un contrato laboral especial de alta dirección, no implicaba el nombramiento para un cargo público que posibilite la aplicación de lo dispuesto en el art. 46-1 del E.T, y le permita acceder a la excedencia forzosa, ya que no es un cargo político, temporal, amovible al que se accede por elección o nombramiento de una autoridad competente, sino que la relación constituida con la sociedad anónima, que la nombró Gerente, concertando una relación laboral especial de alta dirección, es privada, y se rige por la L.S. Anónima, aunque el capital sea público, cuestión distinta».*

La excedencia forzosa se observa en los arts. 37.3 d), 45 1 k), 46.1 y 48.1 ET y 9.1 LOLS; siendo sus notas más características el reingreso automático y el cómputo de la antigüedad.

La situación de excedencia forzosa aparece regulada en los apartados 1 y 4 del art. 46 del Estatuto de los Trabajadores, en relación con el art. 9.1.b) de la LOLS, suponiendo (como hemos adelantado) la suspensión del contrato [art. 45.1. k) del ET] durante un tiempo determinado para la realización de ejercicio de:

- Cargo público.

- Funciones sindicales.

- Deber público.

Los efectos comunes a todas las excedencias forzosas son:

- El Estatuto de los Trabajadores **no especifica ningún requisito formal para su solicitud**. Salvo especificación por convenio colectivo, sería suficiente una solicitud dirigida a la empresa adjuntando la documentación justificante en la que se especifique claramente: identificación de las partes, situación que causa el derecho a excedencia forzosa, duración, lugar, fecha y firma del trabajador.

- La concesión de la excedencia forzosa es **obligatoria por la empresa** cuando el trabajador sea designado o elegido para un cargo público que imposibilite la asistencia al trabajo o realice funciones sindicales de ámbito provincial o superior.

- La empresa **debe conservar el puesto de trabajo** y su período se tiene como trabajado a efectos de cómputo de antigüedad, lo que supone un derecho a reingreso y reserva de puesto siempre que continúe la relación laboral.

- El reingreso debe ser solicitado dentro del mes siguiente (treinta días naturales) al cese de la causa que lo produjo tal y como se establece en los artículos 45, 46 y 48 del Estatuto de los Trabajadores. De no ser así, puede entenderse la existencia de un abandono del puesto de trabajo o dimisión tácita de la persona trabajadora.

- Puede ser ampliada o reducida previa petición por escrito con una antelación de 30 días.

- Si el empresario se negase a la readmisión se considera despido e implicaría el derecho a una indemnización de daños y perjuicios. (STS n.º 352/2020, de 19 de mayo de 2020, ECLI:ES:TS:2020:1733).

- Tampoco hay obligación de cotizar, por lo que se dará de baja al trabajador en la Seguridad social que pasará a encontrarse en situación asimilada al alta para las prestaciones de incapacidad permanente, jubilación, y muerte y supervivencia. En el caso de la excedencia forzosa por elección para cargo público o sindical, permite acceder a la prestación contributiva por desempleo (arts. 166 LGSS y 36 Real Decreto 84/1996, de 26 de enero).

En relación con el tiempo de excedencia explica la STS, rec. 4414/2000, de 26 de septiembre de 2001, ECLI:ES:TS:2001:7212: «(...) una cosa es el derecho al cómputo de la antigüedad en la excedencia forzosa, y otra la determinación del tiempo de servicios en la empresa a efectos del artículo 56.1 a) del Estatuto», doctrina que «es lógica consecuencia de los términos en que se expresan los artículos 56.1.a) y 46.1 del Estatuto de los Trabajadores, en donde, el primero (al igual que los correspondientes preceptos referidos a la extinción de las relaciones laborales especiales) establece la indemnización a tenor de los «períodos de tiempo de servicio» y no de antigüedad, como también se hace en los artículos del mismo texto legal 53.1.b) (extinción del contrato por causas objetivas) y 51.8 (despido colectivo) y, el segundo (artículo 46.1 ET) determina los derechos inherentes a la excedencia forzosa, que son conservación del puesto y cómputo de antigüedad y no de «tiempo de servicio», conceptos distintos como reiteradamente y desde antiguo matizó nuestra jurisprudencia». (STSJ Aragón n.º 433/2012, de 13 de julio de 2012, ECLI:ES:TSJAR:2012:941).

Vía convenio colectivo podrán fijarse requisitos formales para su solicitud, justificación o disfrute. A modo de ejemplo:

> **«Artículo 85. VII Convenio colectivo general del sector de derivados del cemento (BOE 14/07/2023)**
> **Excedencias sindicales.**
>
> El personal con antigüedad de tres meses que ejerza o sea llamado a ejercer un cargo sindical en los órganos de gobierno de régimen local, comarcal, provincial, autonómico o nacional de una central sindical, tendrá derecho a una excedencia forzosa por el tiempo que dure el cargo que la determina.
>
> Para acceder el trabajador a dicha excedencia, deberá acompañar a la comunicación escrita a la Empresa, el certificado de la central sindical correspondiente en el que conste el nombramiento del cargo sindical de gobierno para el que haya sido elegido. El trabajador excedente forzoso tiene la obligación de comunicar a la Empresa, en un plazo no superior al mes, la desaparición de las circunstancias que motivaron su excedencia; caso de no efectuarla en dicho plazo, perderá el derecho al reingreso. El reingreso será automático y obligatorio y el trabajador tendrá derecho a ocupar una plaza del mismo grupo, lugar y puesto de trabajo que ostentaba antes de producirse la excedencia forzosa».

Y también:

> **«Artículo 56. Convenio colectivo estatal de perfumería y afines (BOE 26/01/2023)**
> **Excedencias especiales.**
>
> Dará lugar a la situación de excedencia especial del personal, cualquiera de las siguientes causas:
>
> a) Nombramiento para cargo público, cuando su ejercicio sea incompatible con la prestación de servicios en la empresa. Si surgieran discrepancias a este respecto, decidirá la Jurisdicción competente. La excedencia se prolongará por el tiempo que dure el cargo que la determine y otorgará derecho a ocupar la misma plaza que desempeñaba la persona trabajadora al producirse tal situación, computándose el tiempo que haya permanecido en aquella como activo a todos los efectos. El reingreso deberá solicitarlo dentro del mes siguiente al de su cese en el cargo público que ocupaba».

CUESTIONES

1. ¿Es necesario que la empresa comunique la aceptación de una excedencia forzosa?

Sí. A pesar de que la concesión de la excedencia forzosa es obligatoria por la empresa, para colocarse en esta situación es necesaria la aceptación por escrito por parte de la empresa.

En caso de obtener respuesta, la persona trabajadora deberá interponer demanda en los juzgados de lo social para el reconocimiento de la situación. En estos casos sería posible solicitar una compensación por daños y perjuicios.

2. El desempeño de distintos cargos sin solución de continuidad ¿necesita una nueva solicitud de excedencia?

No. Pero es recomendable comunicar cualquier cambio a la empresa.

Excedencia por ejercicio de cargo público representativo que imposibilite la asistencia al trabajo

|| Concepto de cargo público

El cargo público al que se refiere el artículo 46.1 ET que da derecho a pasar la situación de excedencia forzosa no es el permanente «burocrático de carrera» si no el cargo «político temporal o a movible al que se accede por elección o por designación de la autoridad competente y cuyo desempeño imposibilite la asistencia al trabajo. Se trata, por tanto, de cargos de designación política que participar en las decisiones de Gobierno mediante el desempeño personal de los distintos órganos de las Administraciones Públicas (STS 7 de marzo de 1990)». (STS, rec. 2432/2006 de 18 de septiembre de 2007, ECLI:ES:TS:2007:6088).

Dentro de este campo de aplicación se encuentran numerosos cargos orgánicos (ministros, subsecretarios, secretarios generales, directores generales, cargos equiparables de las administración autonómicas o municipales, delegados del gobierno, directores o delegados provinciales, etc.) pero no los empleos de gestión o asesoramiento, aunque se trate de puestos de confianza, que llevan a cabo una labor de apoyo de quienes desempeñan los anteriores cargos políticos. Para el desarrollo de estos cargos técnicos de apoyo están previstas en el ordenamiento laboral otras situaciones como la excedencia voluntaria (art. 46.6 ET) y la suspensión del contrato de trabajo por mutuo acuerdo de las partes [art. 45.1.a) ET]. (STSJ Baleares n.º 265/2020, de 2 de septiembre de 2020, ECLI:ES:TSJBAL:2020:687).

|| Características

Será necesaria la designación o elección para un cargo público que imposibilite la asistencia al trabajo.

La duración de la excedencia forzosa corresponde con el periodo de vigencia del cargo público.

RESOLUCIÓN RELEVANTE

STSJ de Comunidad Valenciana n.º 733/2017, de 21 de marzo de 2017, ECLI:ES:TSJCV:2017:1636

«La condición de excedente forzoso por ejercicio de cargo público no implica un blindaje frente a un proceso de reestructuración de plantilla, pues efectivamente como parte de la misma los trabajadores pueden verse afectados por los despidos derivados de la necesidad de amortizar plantilla sin embargo en este proceso el empleador no puede hacer un tratamiento diferenciado de los mismos como sucede en el presente caso en el que se aplica una política de inadmisión directa de los excedentes por cargo público vulnerando la garantía de estabilidad laboral que contempla el artículo 48 del ET, y en consecuencia causando un perjuicio a la trabajadora que tiene su origen en el ejercicio de un derecho constitucional. Desestimamos así la petición principal del presente recurso que postula la procedencia del despido y la subsidiaria primera que postula la improcedencia».

JURISPRUDENCIA

STS, rec. 3187/2006, de 13 de noviembre de 2007, ECLI:ES:TS:2007:9078

En la acepción propia y estricta de «cargo público» se incluyen por una parte los cargos representativos o electivos y por otra parte los cargos de designación política que participan en las decisiones de Gobierno mediante el desempeño personal de los distintos órganos de las Administraciones públicas, entre los que se encuentran numerosos cargos orgánicos, pero no los empleos de gestión o asesoramiento, aunque se trate de puestos de confianza, que llevan a cabo una labor de apoyo de quienes desempeñan los anteriores cargos políticos. En este caso, la actora es nombrada Técnica de Asesoramiento para la Comunicación de Programas Municipales de Empleo, con el carácter de personal eventual y en régimen de dedicación exclusiva, lo que lleva a la conclusión de que no se encuentra en el círculo limitado de los cargos públicos con derecho a excedencia forzosa, procediendo estimar el recurso.

Excedencia por ejercicio de funciones sindicales de ámbito provincial o superior mientras dure el ejercicio de su cargo representativo

|| Concepto de funciones sindicales

Quienes ostenten cargos electivos a nivel provincial, autonómico o estatal, en las organizaciones sindicales más representativas, tendrán derecho a esta excedencia forzosa, o a la situación equivalente en el ámbito de la función pública. Solo constituye excedencia forzosa, es decir, suspensión del contrato, con los efectos propios de la misma:

– Si se trata del ejercicio de funciones sindicales de ámbito provincial o superior, autonómico o estatal (supone reserva del puesto y cómputo de antigüedad mientras dura el ejercicio de su cargo representativo, debiendo reincorporarse a su puesto de trabajo dentro del mes siguiente a la fecha del cese).

– Si se trata de un cargo sindical electivo, a los que se llegue por elección interna del sindicato y con capacidad de decisión sobre política sindical.

– Si se trata de organizaciones sindicales más representativas.

|| Características

Quienes ostenten cargos electivos a nivel provincial, autonómico o estatal, en las organizaciones sindicales más representativas, tendrán derecho a la excedencia forzosa, o a la situación equivalente en el ámbito de la función pública, con derecho a reserva del puesto de trabajo y al cómputo de antigüedad mientras dure el ejercicio de su cargo representativo, debiendo reincorporarse a su puesto de trabajo dentro del mes siguiente a la fecha del cese (art. 9 b) LOLS).

La STC n.º 18/2003, de 30 de enero de 2003, ECLI:ES:TC:2003:18, ha definido el alcance del art. 9 b) LOLS como «(...) una norma dotada de propia entidad ordenadora, en la que se regula un contenido adicional del derecho de libertad sindical, en tanto la norma permanezca en el Ordenamiento jurídico debe ser aplicada y respetada, produciéndose en caso contrario una vulneración de dicho derecho fundamental».

Para definir la existencia de un cargo sindical de ámbito provincial o superior ha de acudirse a los arts. 6 y 7 LOLS:

Art. 6. de la LOLS

«2. Tendrán la consideración de sindicatos más representativos a nivel estatal:

a) Los que acrediten una especial audiencia, expresada en la obtención, en dicho ámbito del 10 por 100 o más del total de delegados de personal de los miembros de los comités de empresa y de los correspondientes órganos de las Administraciones públicas.

b) Los sindicatos o entes sindicales, afiliados, federados o confederados a una organización sindical de ámbito estatal que tenga la consideración de más representativa de acuerdo con lo previsto en la letra a).

3. Las organizaciones que tengan la consideración de sindicato más representativo según el número anterior, gozarán de capacidad representativa a todos los niveles territoriales y funcionales para:

a) Ostentar representación institucional ante las Administraciones públicas u otras entidades y organismos de carácter estatal o de Comunidad Autónoma que la tenga prevista.

b) La negociación colectiva, en los términos previstos en el Estatuto de los Trabajadores.

c) Participar como interlocutores en la determinación de las condiciones de trabajo en las Administraciones públicas a través de los oportunos procedimientos de consulta o negociación.

d) Participar en los sistemas no jurisdiccionales de solución de conflictos de trabajo.

e) Promover elecciones para delegados de personal y comités de empresa y órganos correspondientes de las Administraciones públicas.

f) Obtener cesiones temporales del uso de inmuebles patrimoniales públicos en los términos que se establezcan legalmente.

g) Cualquier otra función representativa que se establezca».

Art. 7.1 de la LOLS

«1. Tendrán la consideración de sindicatos más representativos a nivel de Comunidad Autónoma:

a) Los sindicatos de dicho ámbito que acrediten en el mismo una especial audiencia expresada en la obtención de, al menos, el 15 por 100 de los delegados de personal y de los representantes de los trabajadores en los comités de empresa, y en los órganos correspondientes de las Administraciones públicas, siempre que cuenten con un mínimo de 1.500 representantes y no estén federados o confederados con organizaciones sindicales de ámbito estatal;

b) los sindicatos o entes sindicales afiliados, federados o confederados a una organización sindical de ámbito de Comunidad Autónoma que tenga la consideración de más representativa de acuerdo con lo previsto en la letra a)».

RESOLUCIÓN RELEVANTE

STC n.º 263/1994, de 3 de octubre, ECLI:ES:TC:1994:263

El Tribunal Constitucional establece, aplicando el apdo. 1.b) del artículo 9 LOLS, que se reserva la excedencia forzosa únicamente a los trabajadores que desempeñan cargos sindicales de nivel provincial o superior «en las organizaciones sindicales más representativas», cualidad que, según se desprende de las afirmaciones del recurrente y de las resoluciones judiciales de origen, no ostentaba el sindicato al que pertenecía el actor. Y, conviene recordar (como lo hacen las resoluciones judiciales mencionadas), este régimen jurídico es implantado por el citado apdo. 1.b) del artículo 9 LOLS donde se remite al art. 46 del ET en lo tocante a la naturaleza de la excedencia reconocida a estos trabajadores.

Excedencia forzosa por el cumplimiento de un deber público

‖ Concepto de deber público

Habla el legislador de deber inexcusable público, y remite para el caso de que el cumplimiento de tal deber impida la prestación de trabajo en más de un 20%, al artículo 46.1 del Estatuto de los Trabajadores que regula las excedencias.

La doctrina, con fundamento en las normas legales correspondientes, incluye en este supuesto (STSJ Galicia, rec. 1094/2017, de 14 de julio de 2017, ECLI:ES:TSJGAL:2017:5127):

- El ejercicio del sufragio activo, que cita el propio artículo 37 del ET.

- La participación en una mesa electoral (en este supuesto se incluyen los presidentes y vocales de las mesas electorales, los interventores y los apoderados de cada mesa (Ley Orgánica 3/1985, de 29 de mayo).

- La intervención como miembro de un Jurado (Ley Orgánica 5/1985, de 19 de junio).

- La intervención como testigo en un juicio, tanto en el proceso civil (art. 292 de la LEC), como en el proceso penal (art. 410 y 707 de la LEC) y en el laboral (D.F. 4.ª de la LRJS).

- La asistencia a juicio como demandante.
- El desempeño de un cargo político para el que haya sido elegido, designado o nombrado.

|| Características

El art. 37. 3.d) del ET, recoge el derecho que tiene el trabajador a los permisos «por el tiempo indispensable para el cumplimiento de un deber inexcusable de carácter público y personal, comprendido el ejercicio de sufragio activo». Cuando conste en una norma legal o convencional un período determinado, se estará a lo que ésta disponga en cuanto duración de la ausencia y a su compensación económica.

Cuando el cumplimiento del deber antes referido suponga la imposibilidad de la prestación del trabajo debido en más de veinte por ciento de las horas laborables en un periodo de tres meses, podrá la empresa pasar al trabajador afectado a la situación de excedencia regulada en el artículo 46.1 ET.

En el supuesto de que el trabajador, por cumplimiento del deber o desempeño del cargo, perciba una indemnización, se descontará el importe de la misma del salario a que tuviera derecho en la empresa.

RESOLUCIÓN RELEVANTE

STSJ de Andalucía n.º 366/2016, de 18 de mayo de 2016, ECLI:ES:TSJAND:2016:4544

«Según el TSJ Andalucía las ausencias al trabajo por cumplir un deber público, a pesar de no estar previstas en el ex art. 52 d) del Estatuto de los Trabajadores, han de excluirse del cómputo del absentismo [por equiparación al ejercicio de funciones de representación de los trabajadores], sin embargo al no existir una exclusión expresa en la norma, no puede justificarse que la ausencia para ejercer un cargo público se valore de forma igualitaria que la ausencia de un representante unitario o sindical. Procede computar las ausencias laborales por ejercer cargo público por jornadas completas a efectos de absentismo, no por minutos u horas como se establece para los representantes de los trabajadores».

Convenio especial

Al amparo del art. 19 de la Orden TAS/2865/2003, de 13 de octubre, por la que se regula el convenio especial en el Sistema de la Seguridad Social, podrán suscribir esta modalidad de convenio especial los trabajadores que se encuentren en situación de alta sin retribuciones, cumplimiento de deberes de carácter público, permisos y licencias que no den lugar a excedencia en el trabajo, en las que, conforme a lo establecido en el art. 69 del Reglamento General sobre Cotización y Liquidación de otros Derechos de la Seguridad Social (Real Decreto 2064/1995, de 22 de diciembre), se mantenga la obligación de cotizar, si la base de cotización del mes natural anterior a la fecha de iniciación de tales situaciones fuere superior a la base mínima correspondiente al grupo de la categoría profesional del trabajador.

La base de cotización en esta modalidad de convenio estará constituida por la diferencia entre la base de cotización del interesado en el mes anterior a la fecha de inicio de estas situaciones y la base mínima correspondiente al grupo de la categoría profesional del trabajador.

La suscripción de este convenio especial determinará la situación de alta respecto del conjunto de la acción protectora del régimen en que figure incluido dicho trabajador o asimilado.

3.5. Privación de libertad del trabajador

La suspensión del contrato de trabajo prevista en el art. 45.1.g) del ET se mantiene durante la privación de libertad del trabajador y mientras no exista sentencia condenatoria, estando las partes contratantes exoneradas de las obligaciones recíprocas de trabajar y remunerar el trabajo. Una vez pronunciada sentencia condenatoria, desaparece la causa de suspensión y renacen las obligaciones propias de la relación laboral, por lo que, si el trabajador no se reintegra a su puesto de trabajo, puede operar la extinción del vínculo contractual a través de dos vías diversas (ATS, rec. 1495/2008, de 8 de enero de 2009, ECLI:ES:TS:2009:1041A):

- **Despido disciplinario** [art. 49 del ET en relación con el 54.2.a) del mismo texto legal], en base a las faltas repetidas e injustificadas de asistencia al trabajo.

- Incardinando la inasistencia al trabajo dentro de la causa prevista en el art. 49.d) del ET, **dimisión del trabajador**.

Si tenemos en cuenta el citado art. 45.1.g) del ET, la **privación de libertad del trabajador implicará**:

- La suspensión del contrato mientras dure la privación de libertad (mientras esta privación no sea consecuencia de sentencia condenatoria).

- De darse una sentencia absolutoria, el empresario deberá readmitir al trabajador en el momento.

- Si, por el contrario, la sentencia priva al trabajador de libertad, el empresario queda habilitado para despedir al mismo por faltas injustificadas de asistencia al trabajo.

A TENER EN CUENTA. La suspensión contractual prevista en el art. 45.1.g) del ET no opera de modo automático, ha de ser solicitada por el propio trabajador.

CUESTIÓN

¿Qué implica la suspensión de la relación laboral derivada de que la persona trabajadora se encuentre privada de libertad?

A pesar de no poder darse la extinción de contrato hasta la sentencia firme, la empresa no estará obligada a cotizar ni pagar el salario.

Durante el periodo de suspensión del contrato durante la privación de libertad, ¿el trabajador devenga algún derecho a vacaciones? ¿y antigüedad?

No.

JURISPRUDENCIA

Sentencia del Tribunal Supremo, rec. 5306/2004 de 16 de junio de 2006, ECLI:ES:TS:2006:5535

«Sin duda alguna, la conceptuación de la "privación de la libertad, mientras no exista sentencia condenatoria", como causa suspensiva de la relación laboral se asienta en el principio penal de "presunción de inocencia", hasta la fecha en que recaiga sentencia condenatoria firme, y por ello la situación provisional no debe producir "per se" el efecto que legalmente produce la sentencia condenatoria penal. Máxime, como antes se ha dicho y ahora se repite, en un supuesto en que el nuevo hecho no afecta, en forma alguna, a la situación jurídica del empleador, cuya relación laboral con el preso ya se encuentra suspendido por la causa anterior, y, luego, concurrente de incapacidad temporal».

Sentencia del Tribunal Supremo, rec. 1203/2013 de 11 de marzo de 2014, ECLI:ES:TS:2014:1214

«(...) conforme al art. 45.1.g) del ET, una de las causas de suspensión del contrato es la privación de libertad del trabajador, mientras no exista sentencia condenatoria (suspensión que conlleva la reserva del puesto de trabajo: art. 48.1 ET), y que el efecto suspensivo de la relación se produjo sin duda en este caso como consecuencia de que, según figura en la declaración de hechos probados, el abogado de los tres demandantes comunicara a la empleadora el día 23-12-2009 (es decir, tres días después de las detenciones) la situación de prisión provisional en la que desde entonces se encontraban sus clientes, según decía de manera literal el letrado, 'a los efectos laborales oportunos', efectos éstos que no podían ser otros que la exoneración de las obligaciones recíprocas de trabajar y remunerar el trabajo (45.2), inherentes a la suspensión contractual, 'mientras no exista sentencia condenatoria' (45.1. g ET), la solución práctica probablemente hubiera sido la misma porque, pese a que la suspensión, de conocerse los hechos con suficiente precisión, conceptualmente, no cercene por completo las facultades disciplinarias del empleador (prueba de ello es la jurisprudencia sobre despido durante situaciones de incapacidad temporal), una vez finalizada por la puesta en libertad de los trabajadores (6-10-2010), fue entonces (11-10-2010), antes de que transcurriera cualquier plazo de prescripción, cuando la empresa inició el procedimiento sancionador, sin que, los días transcurridos desde ese inicio hasta que se les comunicó el despido superara el plazo establecido en el art. 60.2 ET para la prescripción de las faltas muy graves».

Sentencia del Tribunal Supremo n.° 435/2018, de 24 de abril de 2018, ECLI:ES:TS:2018:1795

El TS analiza, si la **inasistencia del trabajador a su puesto de trabajo durante un período dilatado debida a su ingreso en prisión**, en cumplimiento de la pena impuesta por una sentencia firme, circunstancia de la que la empresa tuvo conocimiento, constituye causa de extinción de la relación laboral con base en lo dispuesto en el apdo. 1 g) art. 45, ET y, derivadamente, si la negativa empresarial a reincorporarle a su plantilla una vez recobrada la libertad, entraña despido.

Para el Alto Tribunal, la ausencia del puesto de trabajo a lo largo de más de ocho meses, durante los cuales el trabajador no mantuvo ningún contacto con la empresa, supone un acto propio e inequívoco que denotan de forma indubitable la voluntad del demandante de dar por extinguida la relación, ante un caso de «dimisión tácita».

A la vista de esos hechos declaramos que la inasistencia al trabajo constituía un abandono incardinable en el apdo. 1.d) del art. 49 del ET, deducible en primer lugar de la falta de justificación de la ausencia durante un período de ocho meses y cinco días y, en segundo lugar, del hecho de que durante dicho período el actor no se puso en contacto con la empresa.

Ésta «dimisión tácita» del trabajador, asevera la Sala IV, deberá apreciarse en cada caso en función de las circunstancias concurrentes. No cabe entender que por la mera notificación del ingreso en prisión a la empresa se produce automáticamente la suspensión del contrato de trabajo hasta que se produzca la puesta en libertad.

RESOLUCIONES RELEVANTES

STSJ de Galicia n.º 2892/2011, de 3 junio 2011, ECLI:ES:TSJGAL:2011:4974

«En resumen, la actora estaba amparado por causa justificativa para no trabajar, dada la existencia de detención y posterior prisión provisional. Por ello la empresaria no estaba facultada para actuar ante las consecuencias derivadas de una ausencia al trabajo, y dar de baja a la actora en la seguridad social por abandono, pues el contrato de trabajo estaba suspendido durante el periodo de detención y de prisión provisional de la actora. Por consiguiente en modo alguno puede estimarse como pretende la empresa demandada que la actuación de la actora al no comparecer en la empresa desde el día 21 de mayo de 2010, día en que fue detenida por la guardia civil, puede considerarse como dimisión o abandono de la trabajadora, por cuanto que el origen y la causa de la inasistencia al trabajo estaba justificada por el hecho de encontrarse la actora primero detenida y posteriormente puesta a disposición judicial, por lo que entraba en juego la previsión contenida en el artículo 45.1g) del ET, según el cual la privación de libertad del trabajador mientras no exista sentencia condenatoria es una causa de suspensión del contrato de trabajo».

STSJ de Aragón n.º 50/2012, de 10 de febrero de 2012, ECLI:ES:TSJAR:2012:100

Se discute la **no aplicación a las relaciones laborales especiales de los internos de establecimientos penitenciarios** de las normas generales contenidas en el Estatuto de los Trabajadores. La cuestión debatida versaba sobre si en una relación laboral especial penitenciaria de carácter productivo por cuenta ajena «puede darse como modo de extinción de la relación laboral la figura jurídica del despido».

«En definitiva, la relación laboral especial de los internos en los centros penitenciarios tiene su apoyo fundamental en el artículo 25.2 CE, que tutela el derecho de los condenados a penas de prisión a un trabajo remunerado. Su desarrollo a nivel de la LOGP 1/1979, tiene lugar en el capítulo II, del Título Primero, artículos 26 a 35, que lleva el rótulo de «Trabajo».

Dicha relación, como constante doctrina jurisprudencial tiene declarado, tiene carácter laboral aunque presenta caracteres y notas propias y singulares que la diferencian de las relaciones de trabajo ordinarias y normales, siendo la más importante la de que la regulación de sus aspectos más específicos no está regida por el Estatuto de los Trabajadores sin perjuicio, naturalmente, de que pudiera aplicarse la Ley estatutaria en materias no reglamentadas por esa normativa particular, o, en aquellos otros supuestos, en que la norma especial remita a la general. Así, dice expresamente el artículo 1.4 del RD 782/2001 que «La relación laboral especial penitenciaria se regula por lo dispuesto en este Real Decreto. Las demás normas de la legislación laboral común, incluido el texto refundido de la Ley del Estatuto de los Trabajadores, aprobado por Real Decreto legislativo 1/1995, de 24 de marzo, sólo serán aplicables en los casos en que se produzca una remisión expresa desde este Real Decreto o la normativa de desarrollo». Conviene insistir —dice la Sala

Cuarta del Tribunal Supremo en sentencia de 5.5.2006, rcud 728/2005— en que la relación laboral especial se refiere a «los internos que desarrollen su actividad laboral en los talleres productivos de los Centros Penitenciarios, así como la de quienes cumplen penas de trabajo en beneficio de la Comunidad (artículo 1.1 RD 782/2001) cuya actividad viene sometida a las reglas específicas antes citadas, y, además a las contenidas en el RD 326/1995, de 3 de marzo, que regula el Organismo Autónomo Trabajo y Prestaciones Penitenciarias, al que se le atribuyen, entre otras funciones, la gestión del trabajo de los internos. Deviene claro, en consecuencia, que los principios básicos de la relación laboral especial que examinamos, que se contemplan principalmente, en el RD 728/2001, no se aplican a los internos de régimen abierto que accedan a un empleo en el exterior del centro penitenciario, a los liberados condicionales y a los exreclusos, cuya relación laboral se somete a la normativa común como reconoce la Exposición de Motivos del citado Real Decreto y su artículo 1, 2 y 3, que excluye, de su ámbito de aplicación, el trabajo de «los internos en régimen abierto» y «las diferentes modalidades de ocupación no productiva.

(...)

Respecto a la no aplicación a las relaciones laborales especiales de los internos de establecimientos penitenciarios de las normas generales contenidas en el Estatuto de los Trabajadores, y en concreto para el presente caso de las relativas al despido, se ha pronunciado la Sala Cuarta del Tribunal Supremo en sentencias de 5 de mayo y 25 de septiembre de 2000 (rcuds núm. 3325/1999 y 3982/1999). La cuestión debatida versaba sobre si en una relación laboral especial penitenciaria de carácter productivo por cuenta ajena «puede darse como modo de extinción de la relación laboral la figura jurídica del despido».

La respuesta fue negativa (continúa diciendo la citada resolución de 5.5.2006), sentando las citadas sentencias «que el Reglamento Penitenciario no contiene ninguna remisión expresa a la normativa del Estatuto de los Trabajadores reguladora del despido (artículos 54 y siguientes). Siendo claro que el envío a la Ley de Procedimiento Laboral que se contiene en el transcrito artículo 134.5 no puede contradecir el núm. 4 del mismo precepto pues una interpretación racional del núm. 5 conduce a considerar que se está refiriendo a cuestiones litigiosas de carácter sustantivo que previamente hayan sido acotadas por las previsiones directas o por reenvío del Reglamento Penitenciario. Y es que el despido es una figura de derecho material o sustantivo y regulado en los artículos 54 y siguientes del Estatuto de los Trabajadores, aunque la Ley de Procedimiento Laboral, además de regular la modalidad procesal correspondiente, en sus artículos 103 y siguientes, reproduzca en parte el contenido de Ley sustantiva.—Por otra parte, el artículo 152 del Reglamento Penitenciario contiene diversas causas de extinción de esta relación laboral especial, entre las que no figura el despido— Y tal como resulta del artículo 144 del Reglamento Penitenciario, es a la Junta de Tratamiento del Centro Penitenciario, (órgano dependiente del Ministerio del Interior, cuya composición y funciones se regulan en los artículos 272 a 275 de dicho Reglamento), y no al Organismo Autónomo empleador, a quien corresponde decidir la asignación a un recluso de un trabajo directamente productivo, que genera automáticamente el nacimiento de esa relación laboral especial, (adjudicación que se realiza en función de los criterios previstos en ese mismo artículo). Y es también esa Junta de Tratamiento a quien corresponde decidir si, por razones técnicas, debe darse de baja a un penado del puesto de trabajo que ocupe, con la consiguiente extinción de la relación laboral especial, en los términos y por las causas contempladas en el artículo 152 del mismo texto reglamentario. Por lo tanto, no puede imputarse la extinción de esa relación laboral especial derivada de un acuerdo de la Junta de Tratamiento a la voluntad unilateral del Organismo Autónomo que ocupa la posición de empleador».».

3.6. Huelga

La huelga podría definirse como un derecho básico de los trabajadores que causa la suspensión colectiva temporal de la prestación del trabajo y, por consiguiente, de las obligaciones recíprocas de trabajar, abonar la remuneración y cotizar, decidida por trabajadores organizados, con motivo de un conflicto empresario-trabajador y con el fin de presionar para la defensa y promoción de un objetivo laboral o socioeconómico. (STSJ del País Vasco, de 9 de octubre de 2012, ECLI:ES:TSJPV:2012:1227).

El art. 28.2 de la Constitución Española reconoce el derecho a la huelga de los trabajadores para la defensa de sus intereses. Dando margen a la aparición de una ley que regule el ejercicio de este derecho estableciendo las garantías precisas para asegurar el mantenimiento de los servicios esenciales de la comunidad (inexistente hasta el día de hoy). Del mismo modo el art. 7 de Real Decreto-ley 17/1977, de 4 de marzo, sobre Relaciones de Trabajo (RDLRT) entiende que el ejercicio del derecho de huelga habrá de realizarse mediante la cesación temporal de la prestación de servicios por los trabajadores afectados y sin ocupación por los mismos del centro de trabajo o sus dependencias.

De esta manera el derecho a huelga se considera una medida de conflicto colectivo, acordada por los trabajadores (art. 1.1 del ET), que constituye la principal medida de autotutela que tienen los mismos, ejercida cuando existe un conflicto colectivo en la relación empresario-trabajador y concertada a través de la Asamblea de trabajadores, sindicatos o representantes de los trabajadores (sindicales o unitarios).

Como peculiaridad del derecho de huelga habría que destacar (siguiendo el art. 28.2 de la Constitución Española) que **la titularidad del derecho de huelga es individual pero su ejercicio es colectivo**. Es decir, el contenido esencial del derecho de huelga lo forman dos **clases de titularidades:**

Titularidad colectiva:

La tienen los sindicatos, representantes unitarios, representantes sindicales y los propios trabajadores (reunidos en asamblea) (arts. 71-81 de ET y LOLS). Consiste en:

– La convocatoria de huelga.

– La elección de la modalidad de huelga a realizar.

– La adopción de medidas de presión.

– El desarrollo de la huelga y su desconvocatoria.

Titularidad individual:

La posee el trabajador considerado individualmente. Consiste en:

– La adhesión o no del trabajador a la huelga ya convocada.

– La participación del mismo en las medidas de desarrollo de la huelga.

– La decisión de abandonar la huelga.

Regulación y requisitos para el ejercicio del derecho a huelga laboral

El derecho a huelga está protegido por la Constitución española y regulado por el Real Decreto-ley 17/1977, interpretado por el Tribunal Constitucional en 1981. Para convocar una huelga legalmente, debe hacerse a través de órganos con capacidad para ello, como sindicatos o comités de empresa, y se requiere un preaviso para organizar servicios mínimos. La huelga debe ser por intereses profesionales de los trabajadores y no por motivos políticos. Se necesita un preaviso de 10 días naturales para servicios públicos o básicos. No se requiere autorización previa, pero puede haber control judicial posterior. La representatividad para convocar huelga es debatible, pero hay precedentes de huelgas convocadas por sindicatos minoritarios que han sido avaladas por el Tribunal Supremo.

En cualquier caso, y a modo de resumen, los extremos fundamentales serían:

La **solicitud de inicio** debe presentarse por escrito ante la Autoridad Laboral, indicando nombres, apellidos, domicilio de las personas que lo plantean y carácter de la representación que ostentan. Determinándose, igualmente, los empresarios y trabajadores afectados, hechos que lo motivan y peticiones concretas que se formulen, así como los demás datos que procedan (art. 21 del RDLRT).

Su **presentación** se realizará ante Delegación de Trabajo de la provincia en que se plantee el conflicto (si sólo afecta a una provincia), ante la Dirección General de Trabajo (si engloba a trabajadores de más de una provincia) o ante el Departamento Laboral de la Comunidad Autónoma, que tengan transferencias en materia laboral (si el conflicto no tiene efectos fuera de su ámbito) (art. 22 del RDLRT).

La **citación de las partes** se llevará a cabo dentro de las 24 horas siguientes a la presentación del escrito, encargándose la Autoridad Laboral de remitir una copia a la otra parte y de convocar a ambas dentro de los tres días siguientes (art. 23 del RDLRT). Con el objetivo de intentar la avenencia entre las partes

Los **acuerdos** serán adoptados por mayoría simple de las representaciones de cada una de las mismas. Dicho acuerdo tendrá la misma eficacia que lo pactado en Convenio Colectivo (art. 24 del RDLRT). De no llegarse a un acuerdo, las partes designarán a uno o varios árbitros que deberán dictar su laudo en el término de 5 días. La decisión que adopten tendrá la misma eficacia que si hubiera habido acuerdo entre las partes.

En caso de **no llegar a un acuerdo, ni designar árbitros**, la autoridad laboral (art. 25 del RDLRT), siempre que el conflicto derive de discrepancias relativas a la interpretación de una norma preexistente, estatal o convenida colectivamente, remitirá las actuaciones practicadas, con su informe, a la Magistratura de Trabajo, que procederá conforme a lo dispuesto en la Ley de Jurisdicción Social.

Derecho de huelga y la suspensión de contrato

El art. 45.1. l) y m) del ET establece que el contrato de trabajo podrá suspenderse por ejercicio del derecho de huelga (o cierre patronal).

Como señaló la STC n.º 11/1981, de 8 de abril, el derecho de huelga es un derecho individual de los trabajadores huelguistas. «Es derecho de los trabajadores colocar el contrato de trabajo en una fase de suspensión y de ese modo limitar la libertad del empresario, a quien se le veda contratar otros trabajadores y llevar a cabo arbitrariamente el cierre de la empresa». Ningún derecho constitucional, sin embargo, es un derecho ilimitado: "Como todos, el de huelga ha de tener los suyos, que derivan (…) no sólo de su posible conexión con otros derechos constitucionales, sino también con otros bienes constitucionalmente protegidos"».

Como cualquier otro derecho, «(…) el de huelga ha de moverse dentro de un perímetro que marcan, por una parte su conexión o su oposición respecto de otros derechos con asiento en la Constitución, más o menos intensamente protegidos y, por la otra, los límites cuyo establecimiento se deja a la Ley siempre que en ningún caso se llegue a negar o menoscabar su contenido esencial. Este, en principio, consiste en la cesación del trabajo en cualquiera de sus manifestaciones, núcleo que implica a su vez la facultad de declararse en huelga estableciendo su causa, motivo y fin y la de elegir la modalidad que se considera más idónea al respecto, dentro de los tipos afectados legalmente. En tal contexto, también resulta esencial la consecución de una cierta eficacia» (STC n.º 123/1992, de 28 de septiembre). Así, señala la STC 41/1984, que «(…) si bien es cierto que la finalidad de la huelga es la que dicen los demandantes y que la búsqueda de su eficacia de cara a tal finalidad constituye elemento imprescindible del ejercicio del derecho de huelga, no sólo por obvias razones de hecho, sino también como consecuencia del principio que reclama la efectividad de los derechos, también lo es que ello no constituye un valor absoluto al que deba sacrificarse cualquier otro o un principio que legitime cualquier modalidad de huelga o cualquier comportamiento durante su transcurso».

El reconocimiento del derecho de huelga implica el establecimiento de una serie de garantías para evitar que el ejercicio de ese derecho sea restringido por determinadas acciones del propio empresario. De este modo, el Real Decreto-ley 17/1977 incluye importantes limitaciones de la conducta del empresario durante la huelga, entre las que se encuentra, la prohibición de sustitución de trabajadores huelguistas (art. 6.5 del Real Decreto-ley 17/1977).

RESOLUCIÓN RELEVANTE

STC n.º 17/2017, de 2 de febrero de 2017

En relación al denominada «esquirolaje tecnológico» como medio para desactivar la efectividad de una huelga:

«La decisión de cierre "afecta no solo al personal conflictivo, sino también al personal pacífico, cuyos derechos y cuya libertad resultan gravemente lesionados" (STC 11/1981, de 8 de abril, FJ 22). De este modo, el mantenimiento de la actividad productiva durante la huelga, si de una parte es consustancial al ejercicio del derecho

de huelga de los huelguistas, de otra es instrumental al del derecho al trabajo de los no huelguistas. En este sentido, hemos señalado también que no obstante la huelga, "deben adoptarse (...) medidas de mantenimiento y preservación de los locales, de la maquinaria, de las instalaciones o materias primas, con el fin de que el trabajo pueda reanudarse sin dificultad tan pronto como se ponga fin a la huelga (STC 11/1981, de 8 de abril, FJ 20)"».

Efectos de la suspensión del contrato de trabajo por huelga

|| Efectos de la huelga legal

– Suspensión de los contratos de trabajo, tanto para huelguistas como para no huelguistas (art. 6.1 y 2 del Real Decreto-Ley 17/1977, de 4 de marzo). No afectará la suspensión del contrato de trabajo con motivo del ejercicio del derecho de huelga al período vacaciones cuando éste está establecido previamente, porque durante las vacaciones no existe obligación de trabajar y no puede suspenderse la prestación.

– No se podrá extinguir la relación de trabajo, ni originar sanción alguna, salvo que durante la huelga hubiese cometido alguna falta laboral (arts. 6.2 y 3 del Real Decreto-Ley 17/1977, de 4 de marzo y art. 45.1 del ET).

– Suspensión del derecho a percibir salario, pese a la situación de alta especial en la Seguridad Social (art. 6.3 del Real Decreto-Ley 17/1977, de 4 de marzo).

– Ausencia de derecho a la protección por desempleo (art. 3.3 del Real Decreto 625/1985, de 2 de abril), ni a la económica por incapacidad temporal (art. 6.3 del Real Decreto-Ley 17/1977, de 4 de marzo y Orden de 30 de abril de 1977 por la que se desarrolla el Real Decreto-ley 17/1977, de 4 de marzo, sobre relaciones de trabajo, en materia de Seguridad Social).

– Ausencia del derecho a la protección por incapacidad temporal originada durante el período de cierre, pero sin pérdida del derecho a la asistencia sanitaria.

– Se respetará la libertad de trabajo de aquellos trabajadores que no quisieran sumarse a la huelga.

– Durante la duración de la huelga el empresario no podrá sustituir a huelguistas por trabajadores que no estuviesen vinculados a la empresa, salvo caso de incumplimiento de las obligaciones contenidas en el art. 6.7 del Real Decreto-Ley 17/1977, de 4 de marzo.

– Los trabajadores en huelga podrán efectuar piquetes para publicitar la huelga, en forma pacífica, y recaudar fondos sin coacción alguna.

– A pesar del ejercicio del derecho a la huelga, algunos trabajadores podrán estar obligados a continuar en su actividad, si tienen que atender servicios de seguridad o mantenimiento de la empresa, o si la empresa tuviese que atender un servicio esencial para la comunidad (art. 16.2 del Real Decreto-Ley 17/1977, de 4 de marzo).

– La desobediencia a órdenes empresariales durante una huelga no implica incumplimiento contractual motivador de despido. (STSJ de Castilla y León n.º 610/2001, de 2 de octubre de 2001, ECLI:ES:TSJCL:2001:4526).

JURISPRUDENCIA

STS, rec. 126/2004, de 9 de junio de 2005, ECLI:ES:TS:2005:3728

Huelga intermitente. Licitud de huelga convocada para cada viernes. A pesar de tratarse de una huelga con las características de intermitencia, notable duración, realización exclusiva en los días llamados "punta", pues, existencia de antecedentes de paro en similares términos durante la anterior anualidad e incidencia en la prestación de servicios de transporte de viajeros, el Tribunal Supremo ha estimado que no produce un daño grave y desproporcionado a la empresa, de modo que pueda justificar su calificación de abusiva, al tener en cuenta los siguientes aspectos:

- No constan en el relato fáctico datos concretos sobre daños derivados de la huelga, indicativos de la desproporción que pudiera fundamentar tal calificación, salvo los que pueden deducirse de las diferencias de recaudación producidas en los cinco meses anteriores a su comienzo.

- Es de mencionar el hecho de que la convocatoria de huelga dimana de uno de los tres sindicatos con representación en la empresa, bien que sea el mayoritario, sin que conste que los restantes se hayan sumado a aquélla, ni que tal dato sea irrelevante a los efectos de minorar los perjuicios derivados de la huelga.

- La regulación de los servicios mínimos que, aunque hecha en atención y beneficio de los usuarios, repercute en este caso indirectamente en beneficio de la empresa; y así, en cuanto a los servicios de transporte de escolares y estudiantes, se establece que se deberán mantener todos los servicios en las expediciones normalmente establecidas de lunes a viernes lectivos, hay una atención específica para los transportes de obreros y funcionarios, y, con relación a los demás servicios en general, se tiene en cuenta que la huelga se proyecta en los días "en los que se produce el mayor número de movimientos de ciudadanos", lo que, según se dice en la exposición de motivos de la Orden, "debe, necesariamente, tenerse en cuenta a la hora de modular los servicios mínimos precisos para atender a la demanda real existente en ese día concreto".

‖ Efectos de la huelga ilegal

Se considerará huelga ilegal aquella situación que: se inicie o sostenga por motivos políticos o por otra finalidad ajena al interés de los trabajadores afectados, la que sea de solidaridad o apoyo (salvo que afecte al interés profesional de quienes la promuevan o sostengan), cuando tenga por objeto alterar, dentro de su período de vigencia, lo pactado en un convenio colectivo o lo establecido por laudo (si bien se permitiría cuando persiga reclamar una interpretación del mismo) y cuando se produzca lo dispuesto para la solución de conflictos colectivos por convenio colectivo o en la legislación vigente. Recientemente el Tribunal Supremo ha calificado como ilegal una huelga por no cumplirse el requisito de comunicación preavisada al empresario y a la autoridad laboral. (STS, rec. 3162/2000, de 13 de marzo de 2001, ECLI:ES:TS:2001:2031 y STS, rec. 36/2003 de 19 de abril de 2004, ECLI:ES:TS:2004:2535).

Conociendo lo anterior, los efectos de la huelga ilegal son:

- Desde la derogación del art. 33. j) del Real Decreto-Ley 17/1977, de 4 de marzo, por parte de la Ley 8/1980, de 10 de marzo, del Estatuto de los Trabajadores, el RDRT no regula como falta la participación en una huelga ilegal o cualquier otra forma de alteración colectiva en el régimen normal de trabajo.

- Las faltas de asistencia al trabajo, por este tipo de huelga, no serán justificadas, y por lo tanto pueden ser causa de despido disciplinario.

- Los trabajadores también podrán ser sancionados en virtud del art. 58 del Estatuto de los Trabajadores. Siempre y cuando esto no suponga abuso por parte del ejercicio de la potestad sancionadora del empresario.

- Los Tribunales condenan cualquier sanción empresarial posterior tomada como represalia contra los participantes en la huelga (STSJ Castilla La Mancha, rec. 1816/2001, de 18 de diciembre de 2001, ECLI:ES:TSJCLM:2001:3616).

Salario durante la suspensión del contrato por huelga

La doctrina contenida en la STS, rec. 3163/2000, de 13 de marzo de 2001, ECLI:ES:TS:2001:2031, puede ser resumida en los siguientes términos:

- La retribución a descontar por cada día de huelga comprende el salario de la jornada y determinados conceptos de «salario diferido».

- Dentro de estos conceptos figuran la parte proporcional de las gratificaciones extraordinarias y la parte proporcional correspondiente a la retribución del descanso semanal del período en que se haya producido la huelga.

- El descuento salarial proporcional por huelga no repercute, en cambio, salvo que se comprendan dentro del período de huelga, en la retribución de los días festivos, que «no está conectada con un tiempo de trabajo precedente» sino con la «celebración de acontecimientos de orden religioso o civil».

- En relación con las pagas extraordinarias, el empresario no está autorizado para «anticipar descuentos futuros por un pago salarial que no se ha anticipado».

- Las pagas de participación en beneficios deben ser asimiladas a las gratificaciones extraordinarias a los efectos de descuento retributivo.

- En relación con la retribución de las vacaciones rige implícitamente en las sentencias citadas el criterio de la imposibilidad de descuento, por aplicación analógica de la regla de cómputo como días de servicio para el cálculo de tal concepto retributivo de las ausencias justificadas al trabajo.

JURISPRUDENCIA

STS, rec. 3163/2000, de 13 de marzo de 2001, ECLI:ES:TS:2001:2031

La retribución a descontar por cada día de huelga comprende tanto el salario de la jornada, como determinados conceptos de «salario diferido» —parte proporcional de gratificaciones extraordinarias, de pagas de participación en beneficios y de retribución del descanso semanal del período en que se haya producido la huelga—, señalando en cambio que la reducción salarial no alcanza ni a los días festivos —salvo que se comprendan dentro del período de huelga—, ni tampoco a las vacaciones. Aplicando esta doctrina, el Tribunal Supremo ha consentido deducir del salario correspondiente a los días de descanso semanal comprendidos dentro del período de huelga en que participaron los trabajadores. Atendiendo a lo anterior, aun cuando se tratara de un día en que los trabajadores no tenían obligación de prestar servicios por descanso semanal, la Sentencia concluye que también procede la detracción de su salario por estar incluido en el período de huelga.

Cotización durante las situaciones de huelga

El trabajador en huelga se encuentra en situación de alta especial en la Seguridad Social. Esto implica la suspensión de la obligación de cotización por parte del empresario y del propio trabajador, sin que exista, durante ese periodo, derecho a prestación por desempleo ni a prestación económica por incapacidad laboral transitoria.

Convenio especial durante la situación de alta especial como consecuencia de huelga legal

Esta modalidad del convenio especial se rige por las características generales con las siguientes peculiaridades [art. 22.1.c) de la Orden PJC/51/2024, de 29 de enero]:

Características:

– No es exigible la acreditación del período de cotización previo a la solicitud del mismo.

– El efecto de la suscripción de este convenio será la de alta especial respecto del conjunto de la acción protectora del régimen de que se trate.

Base de cotización:

– En los casos de huelga legal total o cierre patronal, la base diaria de cotización será el promedio de las bases de cotización por las que hubiera venido cotizando el trabajador durante el mes anterior a la fecha de inicio de la huelga o cierre patronal.

– En los supuestos de huelga parcial, la base diaria de cotización será la diferencia entre la base de cotización calculada como en el punto anterior y la base por la que se cotice diariamente por el trabajador durante esta situación.

Coeficiente aplicable para determinar la cotización: El 0,94.

4.
LA SUSPENSIÓN DEL CONTRATO DE TRABAJO POR MUTUO ACUERDO O CAUSAS CONSIGNADAS EN EL CONTRATO

Las partes pueden establecer motivos de suspensión del contrato siempre que no supongan abuso de derecho. Las condiciones de la suspensión han de establecerse por escrito.

4.1. Mutuo acuerdo de las partes

La validez de los pactos en los concretos términos en que fueron suscritos está protegida por los arts. 1.116 y 1.255 del Código Civil y los arts. 3.1 c), 45.1 a y b), y 49.1 b) del Estatuto de los Trabajadores.

En el ámbito laboral, la suspensión del contrato de trabajo por mutuo acuerdo de las partes o por las causas consignadas válidamente en el contrato está permitida [art. 45.1. a) y b) del ET]. De esta forma, las estipulaciones específicamente pactadas entre persona trabajadora y empresa, sobre la suspensión (o extinción), son válidas mientras no resulten contrarias a la ley, a la moral, al orden público o a las buenas costumbres, por suponer una **manifestación del principio de autonomía de la voluntad de las partes**, que no supone disposición por el trabajador de derecho irrenunciable alguno, ni entraña abuso de derecho en perjuicio del mismo. (STSJ Asturias n.º 1600/2004, de 7 de mayo de 2004, ECLI:ES:TSJAS:2004:2448).

Los apdos. 1 a) y b) del art. 45 del ET establecen:

- Empresario y trabajador son libres para dejar en suspenso la relación laboral por el tiempo deseado. Será el acuerdo de las partes el que fije la duración y efectos de la suspensión del contrato.

- El periodo de ausencia del trabajador no será retribuido salvo pacto en contrario. Si existiese retribución esta no podría ser considerada salario.

– La reincorporación se realizará en el momento acordado por las partes.

– Es posible pactar una suspensión del contrato sin reserva del puesto de trabajo, con lo que la situación se asimilaría en sus efectos a las excedencias voluntarias. (STS n.º 900/2016, 26 de octubre de 2016, ECLI:ES:TS:2016:5074).

– Salvo pacto en contrario, la suspensión implica la baja en la Seguridad Social y exime al empresario de cotización.

JURISPRUDENCIA

STS n.º 276/2017, de 30 de marzo, ECLI:ES:TS:2017:1471

Pérdida del permiso de conducir necesario para trabajar. Posibilidad de suspensión del contrato de trabajo por mutuo acuerdo de las partes o extinción del contrato por causas objetivas ante ineptitud sobrevenida del trabajado. El TS distingue entre la pérdida del permiso de conducir durante un periodo concreto, que podría suspender el contrato hasta recuperación automática, y que el mismo sea retirado, donde una recuperación condicionada a un nuevo examen implicaría un plazo incierto para volver a conducir posibilitando una extinción contractual por ineptitud sobrevenida.

La lista del art. 45.1 del ET que enumera las causas de suspensión de la relación laboral es un listado abierto, como evidencia el hecho de que existen causas de suspensión extrañas a los arts. 45 y 46 del ET, siendo la pérdida temporal de aptitud profesional por retirada del carnet de conducir una de ellas.

4.2. Causas consignadas en el contrato de trabajo

El art. 45.1.b) del ET, establece que podrá incorporarse al contrato de trabajo una cláusula por la que la relación laboral quede suspendida y no extinguida.

Los **pactos** en los que válidamente pudiera establecerse una posible suspensión de la relación laboral contemplarán sus causas y efectos, en especial:

– La conservación o no de la concreta plaza o reserva del puesto de trabajo. (STSJ de Madrid, rec. 537/2014, de 28 de noviembre de 2014, ECLI:ES:TSJM:2014:14030).

– El derecho a la conservación del empleo y al reingreso cuando cese la causa de suspensión.

– Los plazos y condiciones para solicitar el reingreso.

– Los efectos del tiempo transcurrido con el contrato suspendido en cuanto a antigüedad, ascensos o retribuciones

– Los posibles deberes, especialmente del trabajador, durante dicho periodo intermedio.

Las causas consignadas han de constituir una manifestación del principio de autonomía de la voluntad de las partes, que no supone disposición por el trabajador de derecho irrenunciable alguno, ni entraña abuso de derecho en perjuicio del mismo.

5.
INCIDENCIA DE LA SUSPENSIÓN DE CONTRATO EN SUPUESTOS ESPECIALES

Resumen de las incidencias de suspensión del contrato sobre ciertas situaciones.

5.1. Despido

El Estatuto de los Trabajadores asocia la nulidad del despido objetivo o disciplinario realizado a la existencia de determinadas situaciones de suspensión del contrato, su notificación por parte de la persona trabajadora o, en algunos supuestos, tras su reincorporación.

De esta forma, las decisiones extintivas serán nulas —junto a otros supuestos que no tocaremos por no pertenecer al ámbito de estudio de esta obra— cuando (arts. 53.4 y 55.5 del ET):

– Resulten discriminatorias o contrarias a los derechos fundamentales y libertades públicas de la persona trabajadora. (STS, rec. 1082/2008, 30 de enero de 2009 y STSJ Canarias n.º 9/2011, de 25 de enero de 2011, ECLI:ES:TSJICAN:2011:2).

– Afecten a las personas trabajadoras durante los periodos de suspensión del contrato de trabajo por nacimiento, adopción, guarda con fines de adopción, acogimiento, riesgo durante el embarazo, riesgo durante la lactancia natural, enfermedades causadas por embarazo, parto o lactancia natural, adopción o acogimiento [art. 45.1 d) del ET], o el notificado en una fecha tal que el plazo de preaviso concedido finalice dentro de dicho período.

– Se realice durante los periodos de suspensión del contrato de trabajo por disfrute del permiso parental a que se refiere el art. 48 bis del ET, o en base a su solicitud.

– Afecte a una trabajadora embarazada, desde la fecha de inicio del embarazo hasta el comienzo del período de suspensión del contrato.

– Cuando afecte a trabajadores que hayan solicitado, o estén disfrutando, uno de los siguientes permisos/excedencias [apdos. 3.b), 4, 5 y 6 del art. 37 y 1. d) y e) del art. 46.3 del ET]:

• Las adaptaciones de jornada previstas en el art. 34.8 del ET (incluido el trabajo a distancia).

• Cinco días por accidente o enfermedad graves, hospitalización o intervención quirúrgica sin hospitalización que precise reposo domiciliario del cónyuge, pareja de hecho o parientes hasta el segundo grado por consanguineidad o afinidad, incluido el familiar consanguíneo de la pareja de hecho, así como de cualquier otra persona distinta de las anteriores, que conviva con la persona trabajadora en el mismo domicilio y que requiera el cuidado efectivo de aquella.

• Hora de ausencia del trabajo por cuidado de lactante menor de nueve meses.

• En los casos de nacimiento prematuro de hijo o hija, o que, por cualquier causa, deban permanecer hospitalizados a continuación del parto.

• Quien por razones de guarda legal tenga a su cuidado directo algún menor de doce años o una persona con discapacidad que no desempeñe una actividad retribuida tendrá derecho a una reducción de la jornada de trabajo diaria, con la disminución proporcional del salario entre, al menos, un octavo y un máximo de la mitad de la duración de aquella.

• Quien precise encargarse del cuidado directo del cónyuge o pareja de hecho, o un familiar hasta el segundo grado de consanguinidad y afinidad, incluido el familiar consanguíneo de la pareja de hecho, que por razones de edad, accidente o enfermedad no pueda valerse por sí mismo, y que no desempeñe actividad retribuida y solicite reducción de jornada.

• Excedencia, de duración no superior a tres años, para atender al cuidado de cada hijo, tanto cuando lo sea por naturaleza, como por adopción, o en los supuestos de guarda con fines de adopción o acogimiento permanente, a contar desde la fecha de nacimiento o, en su caso, de la resolución judicial o administrativa.

• Excedencia, de duración no superior a dos años, salvo que se establezca una duración mayor por negociación colectiva, para atender al cuidado del cónyuge o pareja de hecho, o de un familiar hasta el segundo grado de consanguinidad y por afinidad, incluido el familiar consanguíneo de la pareja de hecho, que por razones de edad, accidente, enfermedad o discapacidad no pueda valerse por sí mismo, y no desempeñe actividad retribuida

– El de trabajadoras víctimas de violencia de género o de violencia sexual por el ejercicio de derecho a la tutela judicial efectiva o de los derechos reconocidos para hacer efectiva su protección o su derecho a la asistencia social integral relacionados con la suspensión del contrato de trabajo [art. 45.1 n) del ET].

– El de las personas trabajadoras después de haberse reintegrado al trabajo al finalizar los periodos de suspensión del contrato por nacimiento, adopción, guarda con fines de adopción o acogimiento, a que se refiere el artículo 45.1.d), siempre que no hubieran transcurrido más de doce meses desde la fecha del nacimiento, la adopción, la guarda con fines de adopción o el acogimiento.

Lo establecido en los puntos anteriores será de aplicación, salvo que, en esos casos, se declare la procedencia de la decisión extintiva por motivos no relacionados con el embarazo o con el ejercicio del derecho a los permisos y excedencia señalados. Para que el despido en las situaciones de suspensión del contrato se considere procedente deberá acreditarse suficientemente que la causa objetiva que sustenta el despido requiere concretamente la extinción del contrato de la persona referida.

El despido nulo tiene el efecto de readmisión inmediata del trabajador con abono de los salarios de tramitación (art. 55.6 del ET). También será posible solicitar una indemnización adicional derivada de la vulneración de derechos fundamentales en determinados casos como los despidos realizados durante la conciliación de la vida familiar y laboral.

Despido durante la situación de suspensión de contrato por incapacidad temporal (o tras la misma)

La nulidad o improcedencia del despido en situación de suspensión del contrato por enfermedad ha venido siendo objeto de controversia desde hace tiempo, las dudas que siempre surgen en estos casos, lejos de aclararse, se han agudizado con la Ley 15/2022, de 12 de julio.

Esta norma introdujo en nuestro ordenamiento jurídico una nueva causa de **discriminación por razón de enfermedad o condición de salud**. Esto ha supuesto la necesidad de tener en cuenta nuevos matices y elementos de valoración en los supuestos en que la decisión extintiva se adopta por parte de la empresa en situaciones de enfermedad tras iniciar el trabajador un proceso de incapacidad temporal (Analizando los nuevos puntos de valoración de la norma (STSJ de Castilla la Mancha n.º 38/2024, de 12 de enero del 2024, ECLI:ES:TSJCLM:2024:15):

1.º Carácter autónomo de la enfermedad como motivo de discriminación, ya no es necesario acudir al concepto de discapacidad como causa de discriminación, aunque se mantiene también esa causa:

- En su Preámbulo señala «(...) la ley se caracteriza por ser integral respecto de los motivos de discriminación, tal y como se refleja en su Título Preliminar, que establece los ámbitos objetivo y subjetivo de aplicación».

Como elemento novedoso, junto a los seis motivos de discriminación recogidos en la normativa comunitaria (sexo, origen racial o étnico, discapacidad, edad, religión o creencias y orientación sexual), incorpora expresamente los de enfermedad o condición de salud, estado serológico y/o predisposición genética a sufrir patologías y trastornos, identidad sexual, expresión de género, lengua y situación socioeconómica, por su especial relevancia social y mantiene la cláusula abierta que cierra el art. 14 de la CE.

- Art. 2.1 «Se reconoce el derecho de toda persona a la igualdad de trato y no discriminación con independencia de su nacionalidad, de si son menores o mayores de edad o de si disfrutan o no de residencia legal. Nadie podrá ser discriminado por razón de nacimiento, origen racial o étnico, sexo, religión, convicción u opinión, edad, discapacidad, orientación o identidad sexual, expresión de género, enfermedad o condición de salud, estado serológico y/o predisposición genética a sufrir patologías y trastornos, lengua, situación socioeconómica, o cualquier otra condición o circunstancia personal o social».

- Art. 2.3 «La enfermedad no podrá amparar diferencias de trato distintas de las que deriven del propio proceso de tratamiento de la misma, de las limitaciones objetivas que imponga para el ejercicio de determinadas actividades o de las exigidas por razones de salud pública». Admite, diferencias de trato por enfermedad si derivan de las circunstancias expuestas.

2.º El derecho a la igualdad de trato y no discriminación en determinados ámbitos de la vida política, económica, cultural y social.

En concreto, en el ámbito de las relaciones de trabajo, el artículo 9.1 Ley 15/2022. Derecho a la igualdad de trato y no discriminación en el empleo por cuenta ajena. «1. No podrán establecerse limitaciones, segregaciones o exclusiones por razón de las causas previstas en esta ley para el acceso al empleo por cuenta ajena, público o privado, incluidos los criterios de selección, en la formación para el empleo, en la promoción profesional, en la retribución, en la jornada y demás condiciones de trabajo, así como en la suspensión, el despido u otras causas de extinción del contrato de trabajo».

3.º Dentro de Título II, dedicado a la «Defensa y promoción del derecho a la igualdad de trato y no discriminación», establece en su Capítulo I las «Garantías del derecho a la igualdad de trato y no discriminación», y dentro de este destacamos los siguientes preceptos:

- Art. 25.1, medidas de protección y reparación frente a la discriminación: «1. La protección frente a la discriminación obliga a la aplicación de métodos o instrumentos suficientes para su detección, la adopción de medidas preventivas, y la articulación de medidas adecuadas para el cese de las situaciones discriminatorias».

- Art. 26, nulidad de pleno derecho, «Son nulos de pleno derecho las disposiciones, actos o cláusulas de los negocios jurídicos que constituyan o causen discriminación por razón de alguno de los motivos previstos en el apartado primero del artículo 2 de esta ley». Precepto aplicable para la calificación del despido.

- Art. 27.1, atribución de responsabilidad patrimonial y reparación del daño, «1. La persona física o jurídica que cause discriminación por alguno de los motivos previstos en el apartado 1 del artículo 2 de esta ley reparará el daño causado proporcionando una indemnización y restituyendo a la víctima a la situación anterior al incidente discriminatorio, cuando sea posible. Acreditada la discriminación se presumirá la existencia de daño moral, que se valorará atendiendo a las circunstancias del caso, a la concurrencia o interacción de varias causas de discriminación previstas en la ley y a la gravedad de la lesión efectivamente producida, para lo que se tendrá en cuenta, en su caso, la difusión o audiencia del medio a través del que se haya producido». (STS n.º 179/2022, de 23 de febrero de 2022, ECLI:ES:TS:2022:830).

- Art. 30.1, reglas relativas a la carga de la prueba, «De acuerdo con lo previsto en las leyes procesales y reguladoras de los procedimientos administrativos, cuando la parte actora o el interesado alegue discriminación y aporte indicios fundados sobre su existencia, corresponderá a la parte demandada o a quien se impute la situación discriminatoria la aportación de una justificación objetiva y razonable, suficientemente probada, de las medidas adoptadas y de su proporcionalidad». La misma regulación que establece la LRJS en su art. 96.1: «1. En aquellos procesos en que de las alegaciones de la parte actora se deduzca la existencia de indicios fundados de discriminación por razón de sexo, orientación o identidad sexual, origen racial o étnico, religión o convicciones, discapacidad, edad, acoso y en cualquier otro supuesto de vulneración de un derecho fundamental o libertad pública, corresponderá al demandado la aportación de una justificación objetiva y razonable, suficientemente probada, de las medidas adoptadas y de su proporcionalidad».

Resulta evidente por lo expuesto, que se añade un **nuevo escenario dentro de las causas de nulidad del despido por discriminación, la enfermedad o estado de salud.**

Con la nueva regulación resulta indiferente para apreciar la concurrencia de discriminación, qué clase de enfermedad afecta al trabajador, no mencionándose en la ley ninguna exigencia referida a la gravedad, como tampoco a la duración del proceso, corto o largo, o a que constituya una dolencia estigmatizante.

No se han modificado las causas de nulidad del despido, art. 55.5 del ET, tampoco la Ley 15/2022, establece supuestos de nulidad objetiva como en el precepto indicado, maternidad, y otros.

Por tanto a la hora de analizar un despido en situación de enfermedad, **puede resolverse tanto la nulidad como la improcedencia,** de tal forma que la declaración de nulidad exigirá acreditar que el cese laboral sea consecuencia de situación de enfermedad o estado de salud; y si se presenta como ajeno, bien por razones disciplinarias u otras, derivadas del proceso, u objetivas que imposibilitan para el ejercicio de determinadas actividades, o por razón de salud pública, el despido podría ser correcto o improcedente.

Ello entendemos que es así, por cuanto resulta ya en estos supuestos, plenamente aplicable el régimen de inversión de la carga de la prueba recogida en el art.30 de la Ley 15/2022, de tal forma que, con la aportación de indicios por parte del trabajador, en el sentido de que el cese se debe al inicio de una situación de enfermedad, es la empresa la que soporta la carga de probar que el despido no lo ha sido por esta causa.

La pregunta, por tanto, es la siguiente: ¿atendiendo a la Ley 15/2022 me pueden despedir estando de baja?

Aún no conocemos la nueva interpretación doctrinal sobre la indicada ley. Hasta el momento, el hecho de que una persona trabajadora se encuentre en situación de incapacidad temporal no limita la posibilidad empresarial de para despedir o extinguir la relación laboral, y, atendiendo a cada situación, en caso de reclamación por parte de la persona trabajadora, las Salas de lo Social, considerarán el despido nulo o improcedente. Aplicando la nueva norma, y la posible asimilación que se pudiera llegar a realizar sobre los conceptos de «enfermedad o condición de salud, estado serológico y/o predisposición genética a sufrir patologías y trastornos», se recomienda contar con una justificación objetiva y razonable en caso de despedir al trabajador con el contrato suspendido por IT.

Al amparo del art. 183.1 de la LRJS, «(...) cuando la sentencia [procesos de tutela de los derechos fundamentales y libertades públicas] declare la existencia de vulneración, el juez deberá pronunciarse sobre la cuantía de la indemnización que, en su caso, le corresponda a la parte demandante por haber sufrido discriminación u otra lesión de sus derechos fundamentales y libertades públicas, en función tanto del daño moral unido a la vulneración del derecho fundamental, como de los daños y perjuicios adicionales derivados».

La obligación de reparación del daño causado se ha vista complementada por el citado art. 27.1 de la Ley 15/2022, de 12 de julio, «la persona física o jurídica que cause discriminación (...) reparará el daño causado proporcionando una indemnización y restituyendo a la víctima a la situación anterior al incidente discriminatorio, cuando sea posible. Acreditada la discriminación se presumirá la existencia de daño moral, que se valorará atendiendo a las circunstancias del caso, a la concurrencia o interacción de varias causas de discriminación previstas en la ley y a la gravedad de la lesión efectivamente producida, para lo que se tendrá en cuenta, en su caso, la difusión o audiencia del medio a través del que se haya producido».

RESOLUCIONES RELEVANTES

SJSO de Pamplona/Iruña n.º 132/2023, de 4 de abril de 2023, ECLI:ES:J-SO:2023:926

Se analiza la nulidad del despido por causa de enfermedad o condición de salud tras la aprobación de la ley 15/2022, de 12 de julio, integral para la igualdad de trato y la no discriminación. El JS anula el despido del trabajador que se encontraba de baja médica y se obliga a la empresa a readmitirlo.

SJS - León n.º 82/2018, de 13 de marzo de 2018, ECLI: ES:JSO:2018:1616

Sobre la procedencia o improcedencia del despido «1. El despido disciplinario ha de fundarse en un incumplimiento contractual, grave y culpable del trabajador (artículo 54.1 Estatuto de los Trabajadores) en cuanto a la nota consistente en el incumplimiento culpable, es preciso recordar que "(...) se puede incurrir en causa de despido tanto de forma intencional, dolosa, con ánimo deliberado y consciente de quebrantar la buena fe y lealtad depositada en el trabajador por la empresa, como por negligencia, imprudencia o descuido imputable a aquél, ya que solo se exige y requiere la concurrencia de un incumplimiento grave y culpable, por lo que es indiferente a tales fines que las irregularidades cometidas por el trabajador en el desempeño de sus servicios fueran por negligencia culpable o por responder a una conducta maliciosa, deliberada y consciente (STSJ Cataluña de 29 de julio de 2002) y, en cuanto a la gravedad, es preciso tener en cuenta que la misma '...no se mide por la magnitud del daño causado al empresario, sino por el quebrantamiento del vínculo de confianza, quebrantamiento que debe tener la suficiente entidad y gravedad como para justificar la resolución del contrato (STSJ Navarra de 31 de enero de 2002)"».

STSJ de Cataluña, rec. 2310/2017, de 12 de junio de 2017, ECLI:ES:TSJ-CAT:2017:4294

Consideración de un despido durante la baja médica de improcedente y no nulo. Para el TSJ, a pesar de que la enfermedad pueda ser considerada como un factor discriminatorio desencadenante de la nulidad del despido, esto no debe generalizarse.

SJS-León n.° 124/2023, de 18 de mayo de 2023, ECLI:ES:JSO:2023:1730

Se declara nulo por discriminatorio el despido de un trabajador tras descubrir su jefa que era gitano. Se impone además una indemnización por daños morales de 7.501 euros al amparo del art. 27 de la Ley 15/2022.

5.2. Periodo de prueba

La **duración del periodo de prueba** se establece en los convenios colectivos respetando los mínimos establecidos en el art. 14 del ET. Con carácter general, hay que pactarlo expresamente y por escrito en el contrato de trabajo. Las situaciones de incapacidad temporal, riesgo durante el embarazo, maternidad, y adopción o acogimiento, riesgo durante la lactancia y paternidad, que afecten al trabajador durante el período de prueba, **interrumpen el cómputo del mismo siempre que exista acuerdo al respecto entre ambas partes.**

Las situaciones de incapacidad temporal (riesgo durante el embarazo, maternidad, y adopción o acogimiento, riesgo durante la lactancia y paternidad) que afecten al trabajador durante el período de prueba interrumpen el cómputo del mismo siempre que se produzca acuerdo entre las partes [art. 11.4. b) del ET y art. 14.3 del ET].

Como norma general, cualquier causa legal de suspensión del contrato puede interrumpir el cómputo el período de prueba de existir acuerdo. No obstante, conforme al art. 14.3 (párrafo segundo) del ET «Las situaciones de incapacidad temporal, nacimiento, adopción, guarda con fines de adopción, acogimiento, riesgo durante el embarazo, riesgo durante la lactancia, violencia de género, que afecten a la persona trabajadora durante el periodo de prueba, interrumpen el cómputo del mismo siempre que se produzca acuerdo entre ambas partes».

Esta situación suspensiva solamente tiene los efectos de exoneración de las obligaciones de prestar el trabajo y retribuirlo, con la consiguiente reanudación una vez finalizada la incapacidad temporal, y el correspondiente alargamiento del período de prueba.

En cuanto a la posibilidad de extinguir el contrato durante la suspensión del periodo de prueba encontramos soluciones judiciales de todo tipo atendiendo al origen de la decisión extintiva, a la necesidad de que termine la suspensión para terminar la relación laboral o la posible aparición de un desistimiento abusivo discriminatorio o atentatorio a derechos fundamentales.

A modo de ejemplo:

- **STS n.° 402/2023, de 6 de junio del 2023, ECLI; ES:TS:2023:2605**: la extinción de la relación laboral durante el período de prueba por desistimiento del empresario de una persona trabajadora en situación de IT se considera despido nulo por indicios de discriminación por discapacidad al no haberse fijado en el contrato las exigencias propias de adaptación al trabajo.
- **STSJ de Valencia de 22 abril de 1994 y STSJ de Cataluña, rec. 1064/1997, de 17 de julio de 1997**: cuando el período de prueba está en suspenso, la facultad de poner fin al contrato sin invocar motivo alguno sólo renace cuando hubiera cesado la suspensión.
- **STSJ de Andalucía, rec. 3046/2017, 3 de mayo de 2018, ECLI:ES:TSJAND:2018:6285**: para extinguir la relación laboral libremente, la empresa debe esperar a que el trabajador se reincorpore a su puesto una vez superada la enfermedad y reanudado el periodo de prueba.
- **STS, rec. 2789/2011, de 12 de julio de 2012, ECLI: ES:TS:2012:5912; STSJ de Madrid n.° 301/2007, de 6 de junio de 2007, ECLI:ES:TSJM:2007:8822**: el pacto por el que la incapacidad temporal interrumpe el cómputo del período de prueba, pero no impide que la empresa pueda resolver el contrato por la aludida causa durante la incapacidad temporal, pues no existe precepto legal que impida ejercer las facultades extintivas durante la suspensión del contrato.

> **JURISPRUDENCIA**
>
> **STC 84/1984, de 16 de octubre, SSTS 3-10-2008, rec. 2584/2007; 2 de abril de 2007, rec. 5013/2005; STS, rec. 4341/2006, 12 de noviembre de 2007**
>
> La facultad de desistir prevista en el art. 14 y durante el período de prueba pactado, constituía una posibilidad de extinguir el contrato que tenían reconocida ambas partes y en concreto el empresario, de cuya posibilidad podía hacer uso en cualquier momento y sin necesidad de ninguna exigencia concreta de forma; y siempre que el pacto de prueba no superara los límites temporales establecidos legal o convencionalmente, o no se tratara de un desistimiento abusivo discriminatorio o atentatorio a derechos fundamentales; y en tal sentido hemos indicado que la extinción por desistimiento dentro de un período de prueba aunque el trabajador afectado estuviera en situación de IT no podía considerarse abusivo o contrario a ningún derecho fundamental.

5.3. Contrato temporal

Posible ampliación del contrato temporal en caso de suspensión

La suspensión de los contratos de duración determinada en virtud de las causas previstas en los art. 45 y 46 del Estatuto de los Trabajadores no comportará la ampliación de su duración, salvo pacto en contrario (art. 7 del Real Decreto 2720/1998, de 18 de diciembre)

Contrataciones temporales para sustituir a trabajadores con derecho a reserva del puesto de trabajo

Podrán celebrarse contratos de duración determinada para la sustitución de una persona trabajadora (art. 15.3 del ET):

– Cuando exista derecho a reserva de puesto de trabajo, siempre que se especifique en el contrato el nombre de la persona sustituida y la causa de la sustitución.

– Para completar la jornada reducida por otra persona trabajadora, cuando dicha reducción se ampare en causas legalmente establecidas o reguladas en el convenio colectivo, medida que promueve y es coherente con el derecho de las personas trabajadoras a la conciliación de su vida personal y laboral.

– Para la cobertura temporal de un puesto de trabajo durante el proceso de selección o promoción para su cobertura definitiva mediante contrato fijo, sin que su duración pueda ser en este caso superior a tres meses.

A modo de resumen:

Sustitución de persona trabajadora	
Regulación	Art. 15.3 del ET.
Causa	– La **sustitución de una persona trabajadora con derecho a reserva de puesto de trabajo**, siempre que se especifique en el contrato el nombre de la persona sustituida y la causa de la sustitución (sustituye al derogado contrato de interinidad). – Para **completar la jornada reducida por otra persona trabajadora**, cuando dicha reducción se ampare en causas legalmente establecidas o reguladas en el convenio colectivo y se especifique en el contrato el nombre de la persona sustituida y la causa de la sustitución. – Para la **cobertura temporal de un puesto de trabajo durante el proceso de selección o promoción** para su cobertura definitiva mediante contrato fijo.
Formalización	Ha de especificarse «siempre» en el contrato el nombre de la persona sustituida y la causa de la sustitución.
Limitaciones	La reducción de jornada ha de ampararse en causas legalmente establecidas o reguladas en el convenio colectivo.

Duración y posible prórroga	**Duración sustitución de una persona trabajadora con derecho a reserva de puesto de trabajo:**	Durante la ausencia.
	Para completar la jornada reducida por otra persona trabajadora:	Durante la reducción de jornada de la persona trabajadora.
	Cobertura temporal de un puesto de trabajo durante el proceso de selección o promoción para su cobertura definitiva mediante contrato fijo:	Duración máxima de tres meses (o el plazo inferior recogido en convenio colectivo). Superada la duración máxima **no puede celebrarse un nuevo contrato** con el mismo objeto.
Contratación previa a la sustitución	La prestación de servicios podrá iniciarse antes de que se produzca la ausencia de la persona sustituida, coincidiendo en el desarrollo de las funciones el tiempo imprescindible para garantizar el desempeño adecuado del puesto y, como máximo, durante **quince días.**	
Expiración del tiempo convenido e indemnización	A la finalización del contrato la persona trabajadora NO tendrá derecho a recibir una indemnización según la letra c) del artículo 49.1 del ET.	
Cotización	El incremento en la cuota empresarial en los contratos de duración determinada inferiores a 30 días no se aplicará a los contratos de sustitución. Se aplican los incentivos a la contratación establecidos por el Real Decreto-ley 1/2023, de 10 de enero: – Contratos de duración determinada que se celebren con personas jóvenes desempleadas para sustitución de personas trabajadoras en determinados supuestos (art. 17). – Bonificaciones en la cotización de las personas trabajadoras sustituidas durante las situaciones de nacimiento y cuidado del menor o la menor, ejercicio corresponsable en el cuidado del menor o de la menor lactante, riesgo durante el embarazo y riesgo durante la lactancia natural (art. 18). – Supuestos de cambio de puesto de trabajo por riesgo durante el embarazo o durante la lactancia natural, así como supuestos de enfermedad profesional (art. 19).	

5.4. Contrato de alta dirección

La promoción interna se produce cuando una persona trabajadora vinculada a la empresa por una relación laboral común pasa a realizar funciones de alta dirección en la misma empresa (o en otra del mismo grupo o con relaciones asociativas similares). En estos casos, el art. 9 del Real Decreto 1382/1985, regula los efectos jurídicos que la transformación de la relación laboral ordinaria, en relación especial de alta dirección, produce sobre la carrera profesional del trabajador (STSJ de Madrid n.º 656/2018, de 6 de julio de 2018, ECLI:ES:TSJM:2018:7782):

- Deberá formalizarse el contrato escrito, en las condiciones formales establecidas para el contrato de alta dirección, en los supuestos en que un trabajador vinculado a una empresa por una relación laboral común promocionase el ejercicio de actividades de alta dirección en esa misma empresa o en otra que mantuviese con ella relaciones de grupo u otra forma asociativa similar.

- En tales supuestos en el contrato se especificará si la nueva relación especial sustituye a la común anterior, o si esta última se suspende. Caso de no existir en el contrato especificación expresa al respecto se entenderá que la relación laboral común queda suspendida. Si se optase por la sustitución de la relación laboral común por la especial, tal novación sólo producirá efectos una vez transcurridos dos años desde el correspondiente acuerdo novatorio.

- En caso de simple suspensión de la relación laboral común anterior, al extinguirse la relación laboral especial, el trabajador tendrá la opción de reanudar la relación laboral de origen, sin perjuicio de las indemnizaciones a que pueda tener derecho a resultas de dicha extinción. Se exceptúa de esta regla el supuesto de la extinción del contrato especial de alta dirección por despido disciplinario declarado procedente.

La regla general, aplicable a falta de pacto en contrario, es que la relación de trabajo común permanece subyacente en situación de suspensión pudiendo reactivarse al extinguirse la relación laboral especial. No obstante, puede pactarse válidamente la sustitución o absorción de la relación laboral común por la relación especial de alta dirección de forma que ésta hace desaparecer del todo el vínculo generado por aquélla entre las partes. La eficacia de este pacto se hace depender de dos requisitos:

- Que el acuerdo se haga constar expresamente en el documento escrito del contrato de alta dirección.

- Que transcurra un período de espera mínimo de dos años desde el correspondiente acuerdo novatorio.

Así pues, y como regla general, en caso de que la relación laboral común haya quedado en suspenso, la extinción de la relación de carácter especial permite al trabajador reanudar la relación laboral ordinaria sin perjuicio de percibir las indemnizaciones que procedan por finalización de la relación de alto cargo. Entre esas indemnizaciones se incluye la procedente por falta de preaviso del cese como alto directivo (STS, rec. 6010/2003, del 16 de noviembre de 2004, ECLI:ES:TS:2004:7409). Queda exceptuado de esta regla el supuesto de extinción por despido disciplinario declarado procedente, supuesto en el cual debe entenderse que la procedencia del despido extingue ambas relaciones, la especial y la ordinaria que estaban en suspenso (STS, rec. 4348/2006, 13 de febrero de 2008, ECLI:ES:TS:2008:2321).

JURISPRUDENCIA

STS, rec. 4348/2006, de 13 de febrero de 2008, ECLI:ES:TS:2008:2321

Despido de alto cargo que previamente mantuvo una relación laboral común con la empresa. Al extinguirse la relación laboral especial por despido declarado improcedente el trabajador tiene opción a reanudar la relación laboral común que queda en suspenso. De modo que, el tiempo en que se desarrollan las funciones de alto cargo no es computable a efectos de fijar la antigüedad y la indemnización en caso de despido en la relación laboral ordinaria (más recientemente **STSJ de Madrid n.º 656/2018, de 6 de julio de 2018, ECLI:ES:TSJM:2018:7782**).

RESOLUCIÓN RELEVANTE

STSJ del País Vasco, rec. 2170/2010, de 9 de noviembre de 2010, ECLI:ES:TSJPV:2010:4969

Los contratos deben presentar en su expresión referencias claras y concretas, sin que en ningún caso, art. 1288 del Código Civil, una cláusula oscura pueda favorecer a la parte que ocasiona la oscuridad, y debiéndose dar a las palabras utilizadas, art. 1286 del Código Civil, aquel sentido que sea más acorde con la naturaleza y objeto del contrato, y en su caso, art. 1284 del Código, el sentido más adecuado para que produzca efecto.

«Si esto es así, y a nuestro modo de ver, en una recta interpretación art. 9.2 del Real Decreto 1382/1985, que garantiza la estabilidad, seguridad y permanencia en el trabajo, a través del reintegro de la posición que se ostentaba con anterioridad a la suscripción y acceso a la situación de alto directivo, no se aprecia en la voluntad de las partes, ni en sus actos, una especificación expresa de que la relación de alta dirección absorbía y extinguía la relación laboral ordinaria precedente que debe entenderse suspendida, con estimación del primer motivo del recurso».

5.5. Concurso

Entre otras medidas colectivas asociadas al concurso de acreedores (traslados colectivos, modificación sustancial de las condiciones de trabajo o extinción colectiva) la Ley Concursal permite la suspensión de contratos a través de los ERTE concursales.

Los arts. 169 a 189 del TRLC se ocupan de detallar los efectos de la declaración de concurso sobre los contratos de trabajo y los convenios colectivos. A este respecto, el artículo 169 del TRLC dispone que:

> «1. Declarado el concurso, la modificación sustancial de las condiciones de trabajo, el traslado, el despido y la suspensión de contratos y la reducción de jornada por causas económicas, técnicas, organizativas o de producción, se tramitarán por las reglas establecidas en esta Subsección cuando tengan carácter colectivo.
> 2. En todo lo no previsto en esta Subsección se aplicará la legislación laboral. Los representantes de los trabajadores tendrán cuantas facultades les atribuya esa legislación».

El art. 170 de la LC ordena el modo de enlazar lo que llama «Medidas colectivas en tramitación» con el propio concurso. Lo hace del modo siguiente:

«1. Si a la fecha de la declaración del concurso el empresario hubiera iniciado los trámites para la modificación sustancial de las condiciones de trabajo, el traslado, el despido, la suspensión de contratos o la reducción de jornada, de carácter colectivo, el concursado lo pondrá inmediatamente en conocimiento del juez del concurso. En el caso de que aún no se hubiera alcanzado un acuerdo o no se hubiera notificado la decisión empresarial, dentro de los tres días siguientes al de la comunicación, el Letrado de la Administración de Justicia citará a comparecencia a los legitimados previstos en el artículo siguiente para exponer y justificar, en su caso, la procedencia de continuar con la tramitación de las medidas colectivas, conforme a lo previsto en esta Subsección. Las actuaciones practicadas hasta la fecha de la declaración de concurso conservarán su validez en el procedimiento que se tramite ante el juzgado.

2. Si a la fecha de la declaración del concurso ya se hubiera alcanzado un acuerdo o se hubiera notificado a la decisión adoptada con relación a la modificación sustancial de las condiciones de trabajo, al traslado, al despido, a la suspensión de contratos o la reducción de jornada, de carácter colectivo, corresponderá a la administración concursal la ejecución de tales medidas.

3. Si al tiempo de la declaración de concurso el acuerdo o la decisión empresarial hubieran sido impugnados ante la jurisdicción social, el procedimiento continuará ante los órganos de esta jurisdicción hasta la firmeza de la correspondiente resolución.

4. En los casos a que se refiere este artículo, la declaración de concurso habrá de ser comunicada a la autoridad laboral a los efectos que procedan».

Al respecto también interesa el art. 183 del TRLC. En él se regula la «Eficacia de la resolución que acuerde la suspensión y el despido colectivos» en estos términos:

«En caso de acordarse la suspensión de los contratos de trabajo de carácter colectivo o el despido colectivo, el auto surtirá efectos constitutivos desde la fecha en que se dicte, salvo que en él se disponga otra fecha posterior, y originará la situación legal de desempleo de los trabajadores afectados».

Finalmente, los arts. 186 a 188 del TRLC hacen especial mención a los contratos de alta dirección, que permite su suspensión (o extinción) por propia iniciativa de la administración concursal, por solicitud del concursado o por voluntad del alto directivo.

5.6. Reclamación de derecho a reingreso tras una excedencia voluntaria

De conformidad con el artículo 46.5 del Estatuto de los Trabajadores «el trabajador en excedencia voluntaria conserva solo un derecho preferente al reingreso en las vacantes de igual o similar categoría a la suya que hubiera o se produjeran en la empresa».

En este precepto interesa destacar el énfasis que ha puesto el legislador en precisar que el excedente voluntario «solo» conserva un derecho «preferente» para reingresar en las vacantes que pudieren existir en la empresa de igual o similar categoría a la suya. De lo que se desprende (como hemos reiterado a lo largo de la obra) que no ha venido a reconocer un derecho automático e incondicionado al reingreso, ni tan siquiera un derecho a secas y sin otro calificativo, sino un derecho al que de forma expresa asigna el adjetivo «preferente», para significar con ello que se trata de reconocer simplemente una preferencia, primacía o ventaja sobre otra persona, a la hora de ocupar cualquier vacante de igual o similar categoría que pudiere existir en la empresa.

Todas estas circunstancias son las que delimitan el marco jurídico sobre el que opera la institución, tanto durante la vigencia del periodo de excedencia, como en el momento en el que el trabajador pretende ejercitar su preferencia al solicitar el reingreso en la empresa. (SJS - Albacete n.º 280/2018, de 23 de julio de 2018, ECLI:ES:JSO:2018:3822).

Como se deriva de la múltiple doctrina analizada hasta el momento es preciso recordar que la decisión de la empresa de denegar la reincorporación no constituye una decisión que frustre el derecho expectante que goza el trabajador, siendo por ello que frente a tal negativa la parte puede someter al control judicial la legalidad de su readmisión, dándose en la práctica **dos supuestos** (STS, rec. 3405/1999, de 30 de junio de 2000, ECLI:ES:TS:2000:5370):

- Cuando la empresa no niega la existencia de relación entre las partes ni el derecho al reingreso, pero rechaza por el momento la reincorporación, bajo el pretexto de que no existen vacantes, donde procedería interponer una **demanda declarativa de reconocimiento de existencia de vacante**.

- Cuando la negativa al reingreso manifieste la voluntad inequívoca de tener por extinguido la relación laboral, el trabajador deberá interponer una **demanda por despido ante la negativa a reincorporación**.

La **utilización equivocada de una u otra vía**, al margen de las consecuencias negativas que pueda llevar consigo, desde un punto de vista procesal, dificulta, en todo caso, la viabilidad de la pretensión, pues mal podrá calificarse como nulo o improcedente un despido que no ha existido, y mal podría accederse al reconocimiento del derecho a reingreso, con respecto a la relación laboral extinguida por despido no impugnado. (STS n.º 818/2022, de 7 de octubre de 2022, ECLI:ES:TS:2022:3830).

A TENER EN CUENTA. La doctrina ha fijado un criterio claro entre despido y negativa al reingreso en la excedencia, afirmando que cuando el trabajador solicita el reingreso y la empresa no contesta a su petición o la rechaza, pretextando falta de vacante o circunstancias análogas que no suponen el desconocimiento del vínculo existente entre las partes, el trabajador podrá ejercitar la acción de reingreso, mientras que cuando se produce una negativa rotunda e inequívoca, que implica el rechazo de la existencia de algún vínculo existente entre las partes, la acción que debe ser ejercitada frente a ella es la de despido, en cuyo caso, existe una clara constancia y evidencia de la oposición empresarial a la continuidad de la relación laboral.

OPCIONES DE EMPRESA Y PERSONA TRABAJADORA ANTE LA SOLICITUD DE REINGRESO TRAS EXCEDENCIA

Persona trabajadora → Solicitud de reingreso realizada en tiempo y forma.

Empresa

Si otras circunstancias evidencian voluntad extintiva

Contesta

No contesta

Si otras circunstancias NO evidencian voluntad extintiva

Se acepta la solicitud y ofrece al trabajador el reingreso en un puesto de igual o similar categoría

No se acepta la solicitud y niega el reingreso de forma clara y expresa

No se acepta la solicitud pero no niega el reingreso

El trabajador ocuparía el puesto de trabajo y se reanudaría la relación laboral.

El trabajador deberá demandar a la empresa por **despido**

El trabajador podrá demandar a la empresa solicitando **su derecho a reingreso.**

Plazo de caducidad: **20 días** (art. 59.3 ET)

Plazo de prescripción: **1 año desde el conocimiento de la existencia de vacante** (art. 59.2 ET).

En caso de no accionar se entiende dimisión tácita o abandono.

Derecho a indemnización por daños y perjuicios ante incorporación tardía.

Podrá solicitarse de forma conjunta o por separado Plazo de prescripción: **1 año desde la declaración de falta de reingreso** (art. 59.2 ET).

143

Demanda por despido ante la negativa a reincorporación

Cuando a la petición de reincorporación, el empresario se opone de manera abierta, clara y terminante, y lo hace en términos que, en realidad, equivalen a un rechazo del derecho básico del trabajador excedente, a una actual o futura reinserción, y con ello, lo está excluyendo o extrañando de la plantilla, esta actitud supone **despido**; entrando en juego el **plazo de veinte días**, señalado por el **art. 59.3 del ET** para la reclamación al efecto.

Una vez celebrado o intentado el acto de conciliación sin avenencia, el trabajador deberá presentar la correspondiente demanda ante el Juzgado de lo Social. Allí aportará el justificante del resultado del acto de conciliación (acta de conciliación), o la copia de la reclamación previa en su caso.

La persona trabajadora solicitará el reconocimiento de la improcedencia del despido siguiendo los requisitos, forma y contenido, regulados para el proceso ordinario de despido, conforme a los **artículos 103 a 113 de la LRJS**, de los que serán de aplicación supletoria los artículos 80 a 101 de la misma norma.

Pese a las peculiaridades que presenta la excedencia (no olvidemos que se interrumpe la prestación de servicios, el pago de salarios y el cómputo de la antigüedad), supone según la STS, rec. 2757/2002, de 12 de marzo de 2003, ECLI:ES:TS:2003:1698, la necesaria valoración de **dos fases a la hora de fijar la base reguladora de la posible indemnización** por despido:

– Dependiente de una condición, hasta que se haya materializado la expectativa nominada como derecho preferente a una vacante, etapa en la que el trabajador no genera derecho alguno en materia de salarios, prestación de servicios y antigüedad.

– A partir del momento en que dicha materialización se produce. A partir de ese momento no hay diferencia en cuanto a tales aspectos entre un trabajador excedente y otro que se encuentra en plantilla y de ahí que las consecuencias deban ser idénticas entre ambos.

Dado que el despido se origina desde el momento en que la empresa no reincorpora al trabajador haciendo inoperante el artículo 46.5 del Estatuto de los Trabajadores, para el cálculo de la indemnización por despido se **utilizará como módulo el salario vigente en la fecha en que debió producirse la reincorporación «y no la que rigiera en el pasado»**.

JURISPRUDENCIA

STS n.º 818/2022, de 7 de octubre de 2022, ECLI:ES:TS:2022:3830

Cuando se demanda por despido (y no derecho a reingreso) la reconducción procedimental no es posible:

«(...) la reconducción de la demanda, conforme a lo dispuesto en el art. 102 LRJS, no es viable, porque nunca reclamó su derecho a la ocupación efectiva, ni solicitó la condena al empresario al reingreso en su puesto de trabajo tan pronto como hubiera una vacante. Por ello, la reconducción procedimental, solicitada por la parte recurrente requeriría una modificación del escrito de demanda, a fin de que se suprimiese la solicitud de que se declare la improcedente del despido con las consecuencias legales y que constase en él la petición de que se condenase a la empresa a readmitir a la trabajadora tan pronto como hubiera una vacante, so pena de causar indefensión a la parte contraria».

Demanda declarativa de reconocimiento de existencia de vacante

Otra situación posible aparece cuando el empresario da por supuesto o sobrentendido el derecho del trabajador, que como dependiente suyo sigue tratando, pero niega de momento la reincorporación, so pretexto de que no existe vacante, hecho a que aquella se condiciona por el art. 45.6 del ET; en este caso, sería la producción de vacante, conocida además por el trabajador, la que pondría en marcha el tracto prescriptivo, cuyo plazo pasa a ser ahora el de un año que, con carácter general, establece el art. 59.2 del ET.

La persona trabajadora solicitará que se declare su derecho a reincorporarse a la empresa demanda en un puesto de igual o similar categoría al que venía ostentando antes de la situación de excedencia voluntaria, con condena de la demandada a reincorporar de forma inmediata, con abono de una indemnización en concepto de daños y perjuicios derivados de su no reincorporación (nuevamente mediante el procedimiento ordinario regulado en los arts. 80-82 y 103-113 de la LRJS).

Indemnización de daños y perjuicios por falta de reincorporación tras excedencia

Junto con la demanda declarativa de reincorporación, el excedente voluntario cuya reincorporación se produzca de forma no acorde con la normativa reglamentaria tiene derecho a una indemnización de daños y perjuicios (normalmente limitada al salario que hubiese correspondido desde la solicitud de reingreso hasta su efectiva reincorporación). Es reiterada la doctrina unificada por la cual (STS, rec. 148/2014, de 4 de febrero de 2015, ECLI:ES:TS:2015:1374):

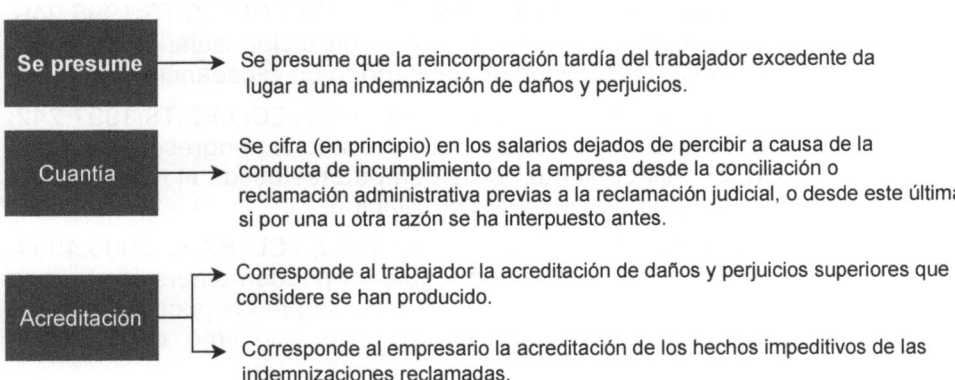

INDEMNIZACIÓN DE DAÑOS Y PERJUICIOS POR FALTA DE REINCORPORACIÓN TRAS EXCEDENCIA

STS, rec. 148/2014, de 4 de febrero de 2015, ECLI:ES:TS:2015:1374

Se presume → Se presume que la reincorporación tardía del trabajador excedente da lugar a una indemnización de daños y perjuicios.

Cuantía → Se cifra (en principio) en los salarios dejados de percibir a causa de la conducta de incumplimiento de la empresa desde la conciliación o reclamación administrativa previas a la reclamación judicial, o desde este última si por una u otra razón se ha interpuesto antes.

Acreditación → Corresponde al trabajador la acreditación de daños y perjuicios superiores que considere se han producido.

→ Corresponde al empresario la acreditación de los hechos impeditivos de las indemnizaciones reclamadas.

Como recuerda entre otras la STSJ de las Is. Baleares n.º 164/2017, de 16 de mayo de 2017, ECLI:ES:TSJBAL:2017:345, la Sala IV del Tribunal Supremo aborda el derecho a indemnización por reincorporación tardía del trabajador excedente a plazas vacantes de su categoría o similar aplicando la doctrina general sobre la acción resarcitoria (art. 1101 del CC) de forma que corresponde al acreedor la prueba y cuantificación de los posibles perjuicios causados «(...) puesto que la obligación del incumplimiento por uno de los contratantes, para que nazca y sea exigible precisa se demuestre la realidad de haberse producido aquéllos, sin que pueda derivarse la misma de supuestos meramente posibles pero de resultados inseguros y desprovistos de certidumbre, pues en tal caso perdería la indemnización su natural carácter, adquiriendo el de una sanción». En la misma línea, la sentencia de 24 de enero de 1987 reafirmó que el trabajador puede exigir «la reparación de los perjuicios que el retraso en la reincorporación haya podido provocarle siempre que aquéllos sean imputables al empresario y se pruebe su existencia», añadiendo que dichos perjuicios pueden cifrarse en la cuantía de los salarios dejados de percibir como consecuencia de la tardanza en la reincorporación.

En estos casos, el daño o perjuicio a indemnizar se presume por la mera constatación de que el trabajador no obtuvo «ganancias por su trabajo», y debe ser compensado con los salarios correspondientes «desde que se reclamó judicialmente el derecho a la citada reincorporación»; esta fijación de la indemnización por vía de presunción (continúa la misma sentencia) admitiría la prueba en contrario de la existencia del daño si la empresa demostrare el hecho impeditivo de la obtención por parte del trabajador de «ganancias por su trabajo por cuantía equivalente al salario que hubiera percibido de haberse producido la reincorporación de manera tempestiva». Este sistema de fijación de la indemnización fue luego aceptado en la sentencia de 26 de junio de 1990, con la matización de que el dies a quo para el cálculo de la indemnización por ganancias dejadas de percibir se adelanta, en su caso, desde el momento de la reclamación judicial al momento anterior de iniciación del trámite preceptivo de evitación del proceso (conciliación o reclamación administrativa previa) y podemos supeditarlo a una serie de reglas (FES Murcia. Excedencia Voluntaria. Sector seguridad privada y afines. Abril 2009):

- STS, rec. 1076/1997, de 13 de febrero de 1998, ECLI:ES:TS:1998:949: el dies a quo para el cómputo de la indemnización (salarios devengados) es la fecha de terminación del período de excedencia.

- STS, rec. 2004/1996, de 21 de enero de 1997, ECLI:ES:TS:1997:242: de existir vacante en la fecha en que se pidió el reingreso o con posterioridad, el resarcimiento ha de computarse desde el momento en que se presenta la papeleta de conciliación.

- STS, rec. 2469/1999, de 5 de junio de 2000, ECLI:ES:TS:2000:4584: para la configuración del salario regulador pueden tenerse en cuenta «otros criterios que puedan hacerse valer según las peculiaridades o circunstancias de cada caso y sin perjuicio, asimismo, de la prueba contraria».

- **STS, rec. 2438/1998, de 22 de marzo de 1999, ECLI:ES:TS:1999:1988**: los daños que se reclaman no se derivan solo de la decisión de la empresa de no reincorporar a la persona trabajadora en su puesto de trabajo si no que se producen por la situación de encontrarse sin empleo, situación que causa los daños durante un determinado lapso temporal, y por ello los daños producidos no pueden cuantificarse hasta que concluye la situación que los produce. Es decir, el dies a quo a partir del cual se computa la posibilidad de reclamar los perjuicios causados al trabajador por una mora en la reincorporación tras una excedencia será un año a partir de la sentencia judicial en la que se declara ilegal el no reingreso. Este aspecto es de suma relevancia en el caso de que se opte por reclamar la indemnización de forma separada a la acción declarativa de derecho a reingreso.

ANEXO.
FORMULARIOS

Formulario de negativa empresarial a la solicitud de suspensión de contrato presentada por el trabajador (genérico)

En [PROVINCIA], a [FECHA]

[DATOS_EMPRESA]

A la Att. de D./D.ª [NOMBRE_PERSONA_TRABAJADORA]

[DATOS_PERSONA_TRABAJADORA]

Muy Srs./Sras. nuestros/as

En contestación a su solicitud de suspensión del contrato de trabajo al amparo del art. 45 letra [LETRA] del Real Decreto Legislativo 2/2015, de 23 de octubre, por el que se aprueba el texto refundido de la Ley del Estatuto de los Trabajadores (1), recibida por esta mercantil el pasado día [FECHA], comunicarle la imposibilidad de concedérsela.

El motivo de no acceder a su petición no es otro que [DESCRIPCIÓN]. (2)

Sin otro particular, se despide,

[SELLO_Y_FIRMA_EMPRESA]

LA EMPRESA.

Recibí

[FIRMA]

D./D.ª [NOMBRE_PERSONA_TRABAJADORA].

---

(1) En caso de solicitud en base al convenio colectivo aplicable especificar.
(2) Consignar razón de la denegación.

Formulario de concesión por parte de la empresa de suspensión del contrato de trabajo solicitada a instancias del trabajador (genérico)

En [PROVINCIA], a [FECHA].

[DATOS_EMPRESA].

A la Att. de D./D.ª [NOMBRE_PERSONA_TRABAJADORA]

[DATOS_PERSONA_TRABAJADORA]

Muy Sr./Sra. nuestro/a:

Acusamos recibo de su solicitud de suspensión del contrato de trabajo al amparo del art. 45, letra [LETRA], del Real Decreto Legislativo 2/2015, de 23 de octubre, por el que se aprueba el texto refundido de la Ley del Estatuto de los Trabajadores (1), recibida por su parte el [FECHA].

La dirección de la empresa accede a la petición formulada por Ud., y le comunica que, en virtud de lo establecido en el citado texto estatutario, le concede la suspensión voluntaria que surtirá efectos desde el día [FECHA] hasta el [FECHA].

Toda vez que desde el próximo día [FECHA], las partes quedarán exoneradas de las obligaciones recíprocas de trabajar y remunerar el trabajo, mediante la presente le recordamos el régimen en el que se encontrará durante la situación de suspensión de contrato:

- [DESCRIPCIÓN]. (2)

Sin otro particular, se despide,

[SELLO_Y_FIRMA_EMPRESA]

La empresa.

Recibí

[FIRMA]

D./D.ª [NOMBRE_PERSONA_TRABAJADORA].

---

(1) En caso de solicitud en base al convenio colectivo aplicable especificar.

(2) Consignar especificaciones según el caso. A modo de ejemplo: «la suspensión implica la baja en la Seguridad Social y exime al empresario de cotización»; «La reincorporación se realizará (...)»; etc.

Modelo de acuerdo mutuo entre empresa y trabajador de suspensión del contrato de trabajo [art. 45.1.a) ET]

En [LOCALIDAD], a [DÍA] de [MES] de [AÑO].

REUNIDOS

De una parte, D./D.ª [NOMBRE], mayor de edad y con D.N.I. número [DNI], en nombre y representación de la empresa [NOMBRE_EMPRESA], en calidad de administrador según escritura de poder otorgada ante el señor notario de [NOMBRE] D./D.ª [NOMBRE], en fecha [FECHA] y número de protocolo [NÚMERO].

Y de otra, D./D.ª [NOMBRE_PERSONA_TRABAJADORA], mayor de edad, con domicilio a efectos de notificación en [DOMICILIO] y D.N.I. número [NÚMERO], trabajador de la empresa [NOMBRE_EMPRESA].

Ambas partes, se reconocen mutuamente la capacidad legal necesaria para obligarse y contratar y

MANIFIESTAN

Que el/la trabajador/a (especificar necesidad de suspender la relación laboral). No teniendo derecho a solicitar excedencia voluntaria durante dicho período, solicita que de mutuo acuerdo se suspenda el contrato de trabajo que le une con la empresa.

La empresa [NOMBRE_EMPRESA], accede a lo solicitado por el/la trabajador/a, por lo que deciden formalizar el presente **ACUERDO de suspensión del contrato de trabajo**, de acuerdo con el artículo 45 del Estatuto de los Trabajadores, letra a) **(1)** basándose en las siguientes

ESTIPULACIONES

Primera.- El/La trabajador/a quedará dispensado/a de prestar servicios en la empresa durante el período comprendido entre el [DÍA] de [MES] y el [DÍA] de [MES] del presente año.

Segunda.- Durante el citado período el/la trabajador/a será dado/a de baja en la Seguridad Social y no percibirá salario alguno.

Tercera.- El/La trabajador/a se compromete a no realizar durante el período de suspensión del contrato ningún trabajo remunerado, ya sea por cuenta propia o ajena.

Cuarta.- El periodo durante el cual el contrato de trabajo permanezca suspendido será computable a efectos de antigüedad. **(2)**

Quinta.- El día [DÍA] de [MES] de [AÑO] el/la trabajador/a deberá reincorporarse a su puesto de trabajo, debiendo la empresa reintegrarle en sus anteriores condiciones laborales.

En prueba de conformidad, firman ambas partes el presente Acuerdo por duplicado ejemplar en la fecha y lugar indicados en el encabezamiento.

[FIRMA]

D./D.ª [NOMBRE_PERSONA_TRABAJADORA].

[SELLO_FIRMA_EMPRESA]

La empresa.

---

(1) Las causas por las que se puede suspender el contrato se encuentran previstas en el artículo 45 del Real Decreto Legislativo 2/2015, de 23 de octubre.

(2) Cláusula sujeta a lo acordado entre las partes al respecto.

Escrito de notificación de la suspensión de empleo y sueldo

En [LOCALIDAD], a [DÍA] de [MES] de [AÑO].

[DATOS_EMPRESA]

A la atención de D./D.ª [NOMBRE_PERSONA_TRABAJADORA].

Muy Sr./Sra. Mío/a:

Mediante la presente, y de conformidad con el artículo 45.1.h) del Real Decreto Legislativo 2/2015, de 23 de octubre, por el que se aprueba el texto refundido de la Ley del Estatuto de los Trabajadores, le notifico que se va a proceder a la suspensión de empleo y sueldo durante [NÚMERO] días en virtud de la sanción que se le impuso en el [DÍA] de [MES] de [AÑO] por incurrir en la falta disciplinaria calificada de [GRADO] y consistente en [ESPECIFICAR].

La suspensión de empleo y sueldo comenzará a aplicarse desde el próximo día [DÍA] de [MES] de [AÑO] hasta el día [DÍA] de [MES] de [AÑO].

Sin otro particular que comunicarle, le saluda atentamente.

[SELLO_FIRMA_EMPRESA]

La empresa

Recibí:

[FIRMA]

D./D.ª [NOMBRE_PERSONA_TRABAJADORA].

Comunicación individual al trabajador de la suspensión de contrato por causas económicas, técnicas, organizativas o de producción (ERTE)

En [LOCALIDAD], a [DÍA] de [MES] de [AÑO].

[DATOS_EMPRESA]

Sr./Sra. D./D.ª [NOMBRE_PERSONA_TRABAJADORA]

Muy Señor/a nuestro/a:

Por la presente pongo en su conocimiento que, el próximo día [DÍA] de [MES] de [AÑO] tendrá efectos la decisión empresarial por la que se establece la suspensión de su contrato de trabajo, de acuerdo con el artículo 47 del Estatuto de los Trabajadores, aprobado por el Real Decreto Legislativo 2/2015, de 23 de octubre, motivada por [DESCRIPCIÓN]. **(1)**

En su caso concreto, su prestación de servicios durante el periodo comprendido entre [FECHA] y [FECHA] supondrá una suspensión de contrato de [NÚMERO] días, equivalentes a un total de [NÚMERO] horas [DIARIAS_SEMANALES_MENSUALES_ANUALES] sobre las [NÚMERO] horas que usted venía obligado a realizar hasta el momento por el convenio colectivo [CONVENIO_COLECTIVO_APLICABLE].

Como anexo a la presente adjuntamos los días concretos afectados por dicha medida y, en su caso, los días en que se ha previsto la prestación de servicios. **(2)**

Del mismo modo, informarle que para evitar que los trabajadores afectados por una suspensión de contrato se vean minorados sus derechos económicos, el artículo 267.1 b) del Real Decreto Legislativo 8/2015, de 30 de octubre, por el que se aprueba el texto refundido de la Ley General de la Seguridad Social, establece como causa de situación legal de desempleo la suspensión del contrato por decisión del empresario al amparo de lo establecido en el artículo 47 del texto refundido de la Ley del Estatuto de los Trabajadores **(3)**, sin otro particular que manifestarle.

* Con esta fecha se da traslado al comité de empresa de una copia de la presente carta.

[SELLO_Y_FIRMA_EMPRESA]

La empresa.

Recibí el [DÍA] de [MES] de [AÑO].

[FIRMA_PERSONA_TRABAJADORA]

D./D.ª [NOMBRE_PERSONA_TRABAJADORA]

---

(1) Redactar teniendo en cuenta la necesidad de causas económicas, técnicas, organizativas o de producción, con arreglo a lo previsto en art. 47 del ET y arts. 16 a 24 del Real Decreto 1483/2012, de 29 de octubre. En la medida en que ello sea viable, se priorizará la adopción de medidas de reducción de jornada frente a las de suspensión de contratos [art. 47.7. a) del ET].

(2) La notificación individual a cada trabajador sobre las medidas de suspensión de contratos o reducción de jornada contemplará los días concretos afectados por dichas medidas y, en su caso, el horario de trabajo afectado por la reducción de jornada durante todo el periodo que se extienda su vigencia. (Real Decreto 1483/2012, de 29 de octubre).

(3) O en virtud de resolución judicial adoptada en el seno de un procedimiento concursal. En ambos casos en los términos del art. 262.2 de la LGSS.

Acuerdo entre la empresa y RLT en periodo de consultas en materia de suspensión de contratos o reducción temporal de jornada de trabajo (ERTE)

En [LOCALIDAD], a [DÍA] de [MES] de [AÑO].

REUNIDOS

Por la representación de las personas trabajadoras: (1)

D./D.ª [NOMBRE_REPRESENTANTE], DNI [NÚMERO].

D./D.ª [NOMBRE_REPRESENTANTE], DNI [NÚMERO].

D./D.ª [NOMBRE_REPRESENTANTE], DNI [NÚMERO].

Que constituyen la totalidad de los miembros [COMITÉ DE EMPRESA/REPRESENTANTES DE LOS TRABAJADORES]:

Por la Empresa [NOMBRE_EMPRESA], DNI [NÚMERO].

D./D.ª [NOMBRE_REPRESENTANTE], DNI [NÚMERO].

D./D.ª [NOMBRE_REPRESENTANTE], DNI [NÚMERO].

D./D.ª [NOMBRE_REPRESENTANTE], DNI [NÚMERO].

Ambas partes se reconocen la capacidad y representatividad para adoptar el presente ACUERDO de reducción temporal de jornada según lo establecido en el artículo 47 del Real Decreto Legislativo 2/2015, de 23 de octubre, por el que se aprueba el texto refundido de la Ley del Estatuto de los Trabajadores.

EXPONEN

PRIMERO. Que con fecha [FECHA_COMUNICACIÓN_INICIO_PERIODO_CONSULTAS] la empresa procedió a comunicar a los representantes de los trabajadores el inicio del periodo de consultas establecido en el artículo 47 del Estatuto de los Trabajadores, para la SUSPENSIÓN DEL CONTRATO DE TRABAJO (O REDUCCIÓN TEMPORAL DE LA JORNADA) DE LOS TRABAJADORES RELACIONADOS EN DICHA COMUNICACIÓN.

SEGUNDO. Que la modificación se debe a motivos [ESPECIFICAR]. (2)

TERCERO. Que durante el periodo de consultas las partes han mantenido [NÚMERO] reuniones, a fin de negociar un Acuerdo sobre la propuesta empresarial.

CUARTO. Durante el periodo de consultas, las partes han negociado de buena fe, con vistas a la consecución de un acuerdo. (3)

QUINTO. Que por [UNANIMIDAD_MAYORÍA] (4) de las dos representaciones se procede a APROBAR el acuerdo de suspensión de contrato (o reducción temporal de jornada) propuesta por la empresa según comunicación de [DÍA] de [MES] de [AÑO] con las siguientes condiciones acordadas en el periodo de negociación y aceptadas por la empresa:

- [ESPECIFICAR NUEVAS CONDICIONES PACTADAS].

- [ESPECIFICAR NUEVAS CONDICIONES PACTADAS].

- [ESPECIFICAR NUEVAS CONDICIONES PACTADAS].

Los comparecientes firman en conformidad en el lugar y la fecha antedicha. (5)
Por la empresa:

[FIRMA_Y_SELLO_EMPRESA]

Por las personas trabajadoras:

[FIRMAS]

---

(1) Incluir tantos como representantes de los trabajadores participen.

(2) El empresario podrá suspender el contrato de trabajo por causas económicas, técnicas, organizativas o de producción, con arreglo a lo previsto en el art. 47 DEL ET y al procedimiento que se determina reglamentariamente en el Real Decreto 1483/2012, de 29 de octubre.

(3) El acuerdo requerirá la conformidad de la mayoría de los representantes legales de los trabajadores o, en su caso, de la mayoría de los miembros de la comisión representativa de los trabajadores siempre que, en ambos casos, representen a la mayoría de los trabajadores del centro o centros de trabajo afectados.

(4) Durante el período de consultas, las partes deberán negociar de buena fe, con vistas a la consecución de un acuerdo. Dicho acuerdo requerirá la conformidad de la mayoría de los representantes legales de los trabajadores o, en su caso, de la mayoría de los miembros de la comisión representativa de los trabajadores siempre que, en ambos casos, representen a la mayoría de los trabajadores del centro o centros de trabajo afectados.

(5) Si en el plazo de quince días desde la fecha de la última reunión celebrada en el periodo de consultas, el empresario no hubiera comunicado a los representantes de los trabajadores y a la autoridad laboral su decisión sobre la suspensión de contratos, se producirá la caducidad del procedimiento en los términos que reglamentariamente se establezcan.

Acta de finalización período de consultas para la prórroga de suspensión y reducción de jornada por causa económica, técnica, organizativa y de producción (ERTE ETOP)

En [PROVINCIA] a [DÍA] de [MES] de [AÑO]

REUNIDOS:

Por la Representación de las Personas Trabajadoras, (1)

D./D.ª [NOMBRE_REPRESENTANTE], DNI [NÚMERO].

D./D.ª [NOMBRE_REPRESENTANTE], DNI [NÚMERO].

D./D.ª [NOMBRE_REPRESENTANTE], DNI [NÚMERO].

que constituyen la totalidad de los miembros [COMITÉ DE EMPRESA/REPRESEN-TANTES DE LOS TRABAJADORES].

Por la Empresa [NOMBRE_EMPRESA], DNI [NÚMERO].

D./D.ª [NOMBRE_REPRESENTANTE], DNI [NÚMERO].

D./D.ª [NOMBRE_REPRESENTANTE], DNI [NÚMERO].

D./D.ª [NOMBRE_REPRESENTANTE], DNI [NÚMERO].

Reunidos los arriba citados, compareciendo en nombre de sus correspondientes representaciones y reconociéndose mutuamente la capacidad necesaria para negociar, siendo el objeto de la reunión las consultas la posible prórroga de las medidas de suspensión y reducción de jornada por causa económica, técnica, organizativa y de producción (2) implantadas inicialmente por el periodo entre [FECHA] - [FECHA].

EXPONEN

Que, tras varias conversaciones desarrolladas en el seno del período de consultas abierto para la extinción de contratos de trabajo de varios trabajadores de esta empresa, la Dirección de la empresa y representantes de los trabajadores han alcanzado acuerdo en el período de consultas iniciado el pasado día [DÍA] de [MES] de [AÑO], sobre los términos para la prórroga del Expediente de Regulación de Empleo promovido, conforme a los pactos que a continuación se relacionan.

CLÁUSULAS

Primera. La empresa, una vez estudiada conjuntamente con los representantes de los trabajadores la situación de la misma, reitera la necesidad de la mantener el Expediente de Regulación de Empleo de los trabajadores afectados por el mismo, toda vez que le es imprescindible para reorganizar su plan de producción y ayudar a paliar la crisis económica de la misma.

Segunda. Que los representantes de los trabajadores y los representantes de la empresa aceptan la existencia de la causa alegada en el Expediente de Regulación de Empleo anunciado por la empresa para suspensión/reducción de jornada de los contratos al amparo de las siguientes causas: [ESPECIFICAR RAZONES ECONÓMICAS, TÉCNICAS, ORGANIZATIVAS O DE PRODUCCIÓN].

Tercera. Que finaliza el período de consultas en el presente Expediente de Regulación Temporal de Empleo de las Relaciones laborales con **ACUERDO ENTRE LAS PARTES**.

Cuarta. Ambas representaciones aprueban el mantenimiento del Expediente de Regulación Temporal de Empleo en las mismas condiciones pactadas el pasado [FECHA]. **(3)**

Quinta. Las personas trabajadoras afectadas por la suspensión/reducción de jornada son los siguientes:

Nombre y apellidos	Categoría y puesto de trabajo

En el Anexo a la presente se especifica el tipo de suspensión/reducción de jornada efectuado.

Sexta. Ambas partes acuerdan dar traslado a la autoridad laboral del acuerdo obtenido en el período de consultas en cumplimiento de lo prevenido normativamente, a fin de que se dicte la oportuna resolución acordando la suspensión/reducción de todos los contratos de los trabajadores afectados con efectos desde el [DÍA] de [MES] de [AÑO], en las condiciones pactadas, y con expreso reconocimiento a favor de los mismos del derecho a percibir las prestaciones por desempleo vinculadas el ERTE.

En los anteriores términos y con la conformidad de las partes concurrentes, se levanta la sesión, redactándose la presente Acta que, tras ser leída por los presentes, la firman en prueba de conformidad y aceptación de su contenido por triplicado y a un solo efecto, en el lugar y fecha del encabezamiento.

[FIRMAS]

---

(1) **Causas económicas** cuando de los resultados de la empresa se desprenda una situación económica negativa, en casos tales como la existencia de pérdidas actuales o previstas, o la disminución persistente de su nivel de ingresos ordinarios o ventas. En todo caso, se entenderá que la disminución es persistente si durante dos trimestres consecutivos el nivel de ingresos ordinarios o ventas de cada trimestre es inferior al registrado en el mismo trimestre del año anterior. **Causas técnicas** cuando se produzcan cambios, entre otros, en el ámbito de los medios o instrumentos de producción. **Causas organizativas** cuando se produzcan cambios, entre otros, en el ámbito de los sistemas y métodos de trabajo del personal o en el modo de organizar la producción y causas productivas cuando se produzcan cambios, entre otros, en la demanda de los productos o servicios que la empresa pretende colocar en el mercado.

(2) La **intervención como interlocutores ante la dirección de la empresa en el periodo de consultas** se formalizará siguiendo el artículo 41.4 del Estatuto de los Trabajadores.

(3) Durante el periodo de consultas, las partes deberán negociar de buena fe, con vistas a la consecución de un acuerdo. Dicho acuerdo requerirá la conformidad de la mayoría de los representantes legales de los trabajadores o, en su caso, de la mayoría de miembros de la comisión representativa de las personas trabajadoras siempre que, en ambos casos, representen a la mayoría de las personas trabajadoras del centro o centros de trabajo afectados.

La empresa y la representación de las personas trabajadoras podrán acordar en cualquier momento la sustitución del periodo de consultas por el procedimiento de mediación o arbitraje que sea de aplicación en el ámbito de la empresa, que deberá desarrollarse dentro del plazo máximo señalado para dicho periodo.

Tras la finalización del periodo de consultas, la empresa notificará a las personas trabajadoras y a la autoridad laboral su decisión sobre la reducción de jornada o la suspensión de contratos, que deberá incluir el periodo dentro del cual se va a llevar a cabo la aplicación de estas medidas.

La decisión empresarial surtirá efectos a partir de la fecha de su comunicación a la autoridad laboral, salvo que en ella se contemple una posterior.

Comunicación a la Autoridad laboral del calendario individualizado de los días concretos de suspensión de contratos o reducción de jornada del trabajador afectado por ERE/ERTE.

[DATOS_EMPRESA]

En [LUGAR], a [FECHA]

N.º ERE/ERTE: [NÚMERO]

DENOMINACIÓN SOCIAL DE LA EMPRESA: [NOMBRE_EMPRESA]

NOMBRE PERSONA TRABAJADORA AFECTADA: [NOMBRE_ PERSONA_TRABAJADORA] **(1)**

I. -Condiciones antes de la aplicación del ERE/ERTE

La Jornada habitual del trabajador/a en la empresa es: [ESPECIFICAR]

El Horario habitual del trabajador/a en la empresa es: [ESPECIFICAR]

Los turnos del trabajador/a en la empresa es: [ESPECIFICAR]

El horario/turno del trabajador/a en la empresa es: [ESPECIFICAR]

II.- Condiciones tras la aplicación del ERE/ ERTE presentado

El periodo de suspensión del contrato es desde: [ESPECIFICAR]

La reducción de jornada se aplica durante el periodo comprendido entre: [ESPECIFICAR]

El porcentaje de reducción es: [PORCENTAJE] % **(2)**

El horario de la reducción es: [ESPECIFICAR]

El calendario de suspensión afecta a los días CONCRETOS:

- [FECHA]

- [FECHA]

- [FECHA] **(3)**

CALENDARIO 2024 (4)

ENERO								FEBRERO								MARZO					
L	M	M	J	V	S	D		L	M	M	J	V	S	D		L	M	M	J	V	S	D
1	2	3	4	5	6	7					1	2	3	4						1	2	3
8	9	10	11	12	13	14		5	6	7	8	9	10	11		4	5	6	7	8	9	10
15	16	17	18	19	20	21		12	13	14	15	16	17	18		11	12	13	14	15	16	17
22	23	24	25	26	27	28		19	20	21	22	23	24	25		18	19	20	21	22	23	24
29	30	31						26	27	28	29					25	26	27	28	29	30	31

ABRIL								MAYO								JUNIO					
L	M	M	J	V	S	D		L	M	M	J	V	S	D		L	M	M	J	V	S	D
1	2	3	4	5	6	7				1	2	3	4	5							1	2
8	9	10	11	12	13	14		6	7	8	9	10	11	12		3	4	5	6	7	8	9
15	16	17	18	19	20	21		13	14	15	16	17	18	19		10	11	12	13	14	15	16

22	23	24	25	26	27	28		20	21	22	23	24	25	26		17	18	19	20	21	22	23
29	30							27	28	29	30	31				24	25	26	27	28	29	30

JULIO								AGOSTO								SEPTIEMBRE						
L	M	M	J	V	S	D		L	M	M	J	V	S	D		L	M	M	J	V	S	D
1	2	3	4	5	6	7					1	2	3	4								1
8	9	10	11	12	13	14		5	6	7	8	9	10	11		2	3	4	5	6	7	8
15	16	17	18	19	20	21		12	13	14	15	16	17	18		9	10	11	12	13	14	15
22	23	24	25	26	27	28		19	20	21	22	23	24	25		16	17	18	19	20	21	22
29	30	31						26	27	28	29	30	31			23	24	25	26	27	28	29
																30						

OCTUBRE								NOVIEMBRE								DICIEMBRE						
L	M	M	J	V	S	D		L	M	M	J	V	S	D		L	M	M	J	V	S	D
	1	2	3	4	5	6						1	2	3								1
7	8	9	10	11	12	13		4	5	6	7	8	9	10		2	3	4	5	6	7	8
14	15	16	17	18	19	20		11	12	13	14	15	16	17		9	10	11	12	13	14	15
21	22	23	24	25	26	27		18	19	20	21	22	23	24		16	17	18	19	20	21	22
28	29	30	31					25	26	27	28	29	30			23	24	25	26	27	28	29
																30	31					

[FIRMA_SELLO_EMPRESA]

---

(1) El calendario se presentará por cada una de las personas trabajadoras afectadas. Si la totalidad de los trabajadores afectados tienen la misma reducción o misma suspensión se deberá indicar expresamente que a todos los relacionados les afecta la misma suspensión/reducción.

(2) En el supuesto de reducción de la jornada, se determinará el porcentaje de disminución temporal, computada sobre la base diaria, semanal, mensual o anual, los periodos concretos en los que se va a producir la reducción así como el horario de trabajo afectado por la misma, durante todo el periodo que se extienda su vigencia.

(3) Atendiendo al art. 20.6 Real Decreto 1483/2012, de 29 de octubre «En todo caso, la comunicación deberá contemplar el calendario con los días concretos de suspensión de contratos o reducción de jornada individualizados por cada uno de los trabajadores afectados. En el supuesto de reducción de la jornada, se determinará el porcentaje de disminución temporal, computada sobre la base diaria, semanal, mensual o anual, los periodos concretos en los que se va a producir la reducción, así como el horario de trabajo afectado por la misma, durante todo el periodo que se extienda su vigencia».

(4) Marcar en distintos colores suspensión y reducción de jornada indicando en cada caso concreto a que corresponde.

Solicitud de excedencia voluntaria

D./D.ª [NOMBRE_PERSONA_TRABAJADORA].

DNI [NÚMERO].

Dirección: [DIRECCIÓN_TRABAJADOR].

En [LUGAR] a [DÍA] de [MES] de [AÑO].

A la att. de la representación legal de la empresa [NOMBRE_EMPRESA].

Muy Señores/as míos/as:

Mediante el presente escrito y por el derecho que me asiste recogido en el artículo 46.2 del Real Decreto Legislativo 2/2015, de 23 de octubre, por el que se aprueba el texto refundido de la Ley del Estatuto de los Trabajadores, y el artículo [NÚM_ARTÍCULO] del vigente convenio colectivo de [CONVENIO_APLICACIÓN], vengo a solicitar mi paso a situación de EXCEDENCIA VOLUNTARIA por una duración de (1) a partir del [DÍA] de [MES] de [AÑO], siendo por tanto la fecha de finalización de la misma el [DÍA] de [MES] de [AÑO], en la que ejercitaré, previo aviso, mi derecho preferente al reingreso, en el grupo profesional de [GRUPO_PROFESIONAL] o similar dentro del grupo profesional.

Sin otro particular que comunicarle más que rogarle firme el Recibí de la presente.

Sin otro particular,

[FIRMA]

D./D.ª [NOMBRE_PERSONA_TRABAJADORA].

Recibí:

[SELLO_Y_FIRMA_EMPRESA]

La empresa.

---

(1) Respetando lo establecido en convenio, el trabajador con al menos una antigüedad en la empresa de un año tiene derecho a que se le reconozca la posibilidad de situarse en excedencia voluntaria por un plazo no menor a cuatro meses y no mayor a cinco años. Este derecho sólo podrá ser ejercitado otra vez por el mismo trabajador si han transcurrido cuatro años desde el final de la anterior excedencia.

Modelo de solicitud de excedencia voluntaria por cuidado de hijo

En [LUGAR], a [DÍA] de [MES] de [AÑO].

D./D.ª [NOMBRE_PERSONA TRABAJADORA], con DNI [DNI] trabajador de la empresa [NOMBRE_EMPRESA], desde el [DÍA] de [MES] de [AÑO]. **(1)**

SOLICITO

Mediante el presente escrito y por el derecho que me asiste recogido en el artículo 46.3 del Real Decreto Legislativo 2/2015, de 23 de octubre, por el que se aprueba el texto refundido de la Ley del Estatuto de los Trabajadores y el artículo [NÚMERO] del vigente Convenio Colectivo de [CONVENIO_COLECTIVO_APLICABLE], me sea concedido un periodo de excedencia por cuidado de mi hijo nacido el día [DÍA] de [MES] de [AÑO], con una duración de [PLAZO] **(2)**, quedando está comprendida desde el [DÍA] de [MES] de [AÑO] hasta el [DÍA] de [MES] de [AÑO].

Teniendo derecho a una excedencia de duración no superior a tres años al amparo de la normativa citada,

En relación con la reserva, de mi puesto de trabajo: **(3)**

I.- Durante el primer año tendrá derecho a la reserva de su puesto de trabajo.

II.- Transcurrido dicho plazo, la reserva quedará referida a un puesto de trabajo del mismo grupo profesional o categoría equivalente. En este caso, y según el convenio colectivo, los puestos de trabajo que conforman el grupo profesional al que estoy adscrito serán [ESPECIFICAR].

III.- DE TRATARSE DE FAMILIA NUMEROSA: la reserva de su puesto de trabajo se extenderá hasta un máximo de quince meses cuando se trate de una familia numerosa de categoría general, y hasta un máximo de dieciocho meses si se trata de categoría especial. Cuando la persona ejerza este derecho con la misma duración y régimen que el otro progenitor, la reserva de puesto de trabajo se extenderá hasta un máximo de dieciocho meses

En relación con la antigüedad y formación profesional:

I.- El periodo en que permanezca en situación de excedencia será computable a efectos de antigüedad y tendré derecho a la asistencia a cursos de formación profesional, a cuya participación deberé ser convocado por la empresa. **(4)**

Sin otro particular que comunicarle, y rogándole firme el recibí de la presente, se despide

Atentamente

[FIRMA]

D./D.ª [NOMBRE_PERSONA TRABAJADORA]

RECIBÍ:

[FIRMA_SELLO_EMPRESA]

La empresa.

---

(1) No se establece como para la excedencia voluntaria genérica ningún periodo de antigüedad ni se limita el derecho por solicitudes anteriores.

(2) No superior a tres años a contar desde la fecha de nacimiento o, en su caso, de la resolución judicial o administrativa.

(3) A pesar de que la normativa no lo especifica es conveniente especificar las condiciones de reincorporación tras la excedencia. STS n.º 312/2023, de 26 de abril del 2023, ECLI:ES:TS:2023:2087. En caso de excedencia por cuidado de hijo el derecho al reingreso es incondicional y no vinculado a que haya vacantes. «(...) durante el primer año, el trabajador tiene derecho a la reserva de "su puesto de trabajo". Pero si el período de excedencia se prolonga, la reserva queda referida "a un puesto de trabajo del mismo grupo profesional o categoría equivalente". A juicio de la Sala, existe pues siempre reserva del puesto de trabajo, y en su consecuencia, por imperativo legal, la empresa está obligada a reservarlo, si bien durante el primer año la reserva es del mismo puesto de trabajo que el trabajador venía desempeñando, y una vez superado el primer año, la reserva queda referida un puesto de trabajo del mismo grupo profesional o categoría equivalente».

(4) El trabajador tendrá derecho a la asistencia a cursos de formación profesional, a cuya participación deberá ser convocado por el empresario, especialmente con ocasión de su reincorporación (cuya finalidad es evitar la pérdida por parte del trabajador excedente de sus aptitudes profesionales, que pudieran verse afectadas por cambios productivos, tecnológicos, etc.). (STSJ de Madrid n.º 285/2023, de 17 de abril del 2023, ECLI:ES:TSJM:2023:4888).

Escrito de denegación de la solicitud de readmisión finalizada la excedencia voluntaria

Del mandato legal que contiene el art. 46.5 del Estatuto de los Trabajadores se desprende que el trabajador en situación de excedencia voluntaria conserva únicamente un derecho preferente a reingresar en las plazas vacantes de igual o similar categoría profesional a la suya que existan o puedan surgir en la empresa.

El siguiente modelo permite la comunicación al trabajador de la imposibilidad de reincorporación tras excedencia voluntaria por falta de vacante.

En [PROVINCIA], a [DÍA] de [MES] de [AÑO] **(1)**

[DATOS_EMPRESA]

A la atención de D./D.ª [NOMBRE_PERSONA_TRABAJADORA].

Muy Sr./Sra. mío/mía:

Lamentamos comunicarle la denegación de su petición de reingreso en fecha [FECHA] **(1)**, ya que en estos momentos no es posible la reincorporación dado que no existen puestos vacantes de igual o similar categoría a la suya. Asimismo, le informaremos, siguiendo el art. 46.5 del Real Decreto Legislativo 2/2015, de 23 de octubre, por el que se aprueba el texto refundido de la Ley del Estatuto de los Trabajadores, que en cuanto sea posible le colocaremos en igual o similar grupo profesional de [GRUPO_PROFESIONAL]. **(2)**

Atentamente y rogándole firme el duplicado a efectos de recibí y constancia.

[SELLO_Y_FIRMA_EMPRESA]

La empresa

RECIBÍ:

[FIRMA]

D./D.ª [NOMBRE_PERSONA_TRABAJADORA].

---

(1) Algunos convenios colectivos establecen un preaviso para la reincorporación del trabajador. La STS, rec. 1053/2010 de 24 de febrero de 2011, ECLI:ES:TS:2011:1287, ha aclarado esta situación definiendo el verdadero sentido del preaviso: «(...) nunca una interpretación puede conducir al absurdo cual sería el de negar todo significado a la exigencia del preaviso, ha de situarse su razón de ser en las consecuencias para la empresa derivadas de la dificultad de una sorpresiva petición de reingreso, aún en el caso de contar con una vacante, traduciéndose la del incumplimiento del preaviso en una moratoria para la empresa equivalente a dicho plazo, y desde luego siempre que la solicitud se efectúe antes de finalizar la excedencia concedida».

(2) Si la empresa oferta una plaza correspondiente a una categoría profesional inferior y el trabajador excedente lo acepta, también tendría que aceptar el salario correspondiente al mismo y no el anteriormente disfrutado.